Vacaciones en el cementerio

Domenica Luciani

ediciones sm

Dirección editorial: M.ª Jesús Gil Iglesias
Colección coordinada por Marinella Terzi
Traducción del italiano: Rosa Huguet
Imagen de cubierta: Joaquín Reyes
Diseño de la colección: Alfonso Ruano y Pablo Núñez

Joaquín Turina, 39 - 28044 Madrid

Comercializa: CESMA, SA - Aguacate, 43 - 28044 Madrid

ISBN: 84-348-7363-X
Depósito legal: M-35124-2000
Preimpresión: Grafilia, SL
Impreso en España / *Printed in Spain*

A mi padre,
amante de los cementerios

I

UNA FIESTA FÚNEBRE

EL VERANO MÁS EMOCIONANTE —y escalofriante— de mi vida comenzó el día del funeral de los abuelos. Si echo la vista atrás en la memoria, veo aquel día como un marco de mármol inundado de sol sobre una puerta grande y oscura. Yo estaba a punto de traspasar aquella puerta y ¡no lo sabía! Perdonad, sé que mis comparaciones dan un poco de pena. Lo cierto es que no soy un as de la escritura, pero eso no me importa demasiado porque un detective no está para hacer imágenes poéticas. Al contrario, un detective debe tener siempre los pies en el suelo para no dejarse enredar por las apariencias.

Volviendo a mis comparaciones, debo decir que aquel marco de mármol iluminado por el sol me recuerda a la blancura cegadora de las cruces del pequeño cementerio de Ca'Desolo en algunas tardes caniculares. Por su parte, la puerta grande y oscura da clara idea del espantoso terror que me entró en los mediodías de aquel julio fatal —por no hablar de las tardes ni de las noches—. Aún me pregunto cómo he podido sobrevivir para contar todo esto, o es que tal vez ¿soy ya un esqueleto deshecho en el interior de una caja podrida a algunos metros bajo tierra?

Sin embargo, mi corazón lo resistió todo. Quizá porque vagando y tropezando en medio de aquella oscuridad angustiosa (prosigo con mis comparaciones, es que hoy me siento poeta) siempre tuve a mi lado una lucecita roja que me iluminaba el camino. ¿Qué habría hecho sin *ella?* Es extraño, pero el recuerdo de aquellos días grandiosos y terribles se vuelve de golpe dulce y cálido, en cuanto veo de nuevo en mi mente aquel casquete de cabellos rojos, aquella cara pecosa con los incisivos algo salidos. ¡Mi inseparable compañera: Tila la Grande!

El funeral de mis abuelos. ¿Cómo olvidar aquel día? Un día de espléndido sol a mitad del mes de junio, mi primera jornada de vacaciones. Normalmente, ése habría sido mi primer pensamiento. Por el contrario, en cuanto desperté, una visión tremenda catalizó mi atención: en la puerta abierta de mi cuarto, apoyada a la pared del pasillo, destacaba una corona fúnebre de claveles blancos y rojos, con dos lazos morados, en los que había estampadas estas palabras en letras doradas:

A Gerardo Conti y esposa. Con afecto, sus amigos.

«¡No puede ser que ya esté muerto!», me dije con un gran vuelco de mi corazón.

Media fracción de segundo después constaté que, aunque estuviera tendido en una cama, llevaba mi pijama de Spiderman, y no uno de esos trajes negros con los que suelen meter a la gente en los ataúdes. También noté que no tenía las manos cruzadas sobre mi pecho con un rosario entre los dedos, sino que mi mano derecha descansaba en mi cara, con el dedo índice ocupado dentro de mi nariz, y la izquierda apretaba otra parte de mi cuerpo, porque me lo estaba haciendo encima. Por consiguiente, deduje que no estaba muerto.

Otra media fracción de segundo después, mientras corría hacia el váter, estaba ya segurísimo de que seguía vivo, pues era evidente que no tenía ninguna esposa. Y finalmente, una vez vaciada mi vejiga, recordé que dos días antes habían muerto mis abuelos, mis abuelos banqueros, Gerardo y Antonia (su esposa), y que mi abuelo se llamaba como yo.

Pues sí, el abuelo se llamaba exactamente como yo y supongo que ésa era la única cosa que teníamos en común. Al abuelo banquero le veía muy de tarde en tarde, pues vivía en Milán y estaba siempre atareadísimo controlando sus negocios y el crecimiento de sus acciones. Y, además, las raras veces que le veía, él y la abuela me ponían siempre de los nervios, ya que no hablaban de otra cosa que de dinero y de cómo sacarle rendimiento; y si se dirigían a mí, su pregunta fija era cómo tenía mi libreta de ahorros y qué esperaba hacer con ella cuando cumpliera los dieciocho años.

—Me lo gasto todo en las máquinas! —les decía yo.

Lo decía en broma pero el abuelo se enfadaba y, saboreando su decimotercera copita de vino, me soltaba que yo no tenía ninguna educación «financiera». Después, sacaba de su bolsillo una pelotita de goma blanda, (su pelota antiestrés) y la apretaba de manera convulsa con su mano derecha. También la abuela se ponía nerviosa y se sacaba los pendientes (dos horrendos aros de oro, grandes como mandarinas) y los dejaba sobre la mesita. A continuación, empezaba a hacerlos rodar por turnos en la palma de su mano. ¡Yo era el único que no hacía rodar nada!

Aquella mañana, después de un desayuno rápido, abrí el armario buscando la ropa de luto. Así lo había dicho mamá la tarde anterior, que para el funeral de los abuelos debía ponerme ropa negra. Me puse los vaqueros oscuros y la camiseta negra de Bart Simpson. En cuanto me vio mi madre, me hizo quitar la camiseta, diciendo que no era respetuoso vestirse de aquella manera para un funeral. Y como tampoco le pareció bien la camiseta de Homer (que siempre ha sido mucho más respetuoso que Bart), al final me dijo que me pusiera una camisa negra de los tiempos en que era *scout*. Me callé porque pensaba en los abuelos y en su muerte.

Su Rolls-Royce azul cobalto había chocado contra un camión internacional en la carretera Bolonia-Milán. Regresaban de una de sus acostumbradas cenas de negocios y, conociéndolos, seguramente habían empinado el codo. Parece ser que el chófer, por el contrario, estaba sobrio. De todas formas, también él había participado en la cena, lo que hacía levantar mis sospechas. Deducción lógica si conocéis ese refrán que dice: «Quien no bebe en compañía es un ladrón o un espía».

Mientras íbamos andando detrás de los dos ataúdes, en el cortejo fúnebre, susurré a mi padre:

—¡Pst, papá!

—¿Qué quieres? —preguntó él con mirada severa.

—¡Creo que el chofer debió de beber un poco aquella noche!

—¡No digas tonterías! —me gritó papá a media voz.

Estábamos entrando en la iglesia y no quise polemizar. Es difícil discutir en voz baja y es imposible hacerlo durante un funeral, cuando todo el mundo está serio y callado, mirando al suelo como esos indios superreligiosos que se preocupan por las hormigas. Y si las pisan, piensan que cometen un delito tremendo. En resumen, que lo dejé correr. Pero, mientras observaba las manillas de latón de los brillantes ataúdes, me pregunté por qué a papá no le habían entrado ganas de saber algo más sobre la muerte de sus padres. Como, por ejemplo, lo que habían comido exactamente pocas horas antes del accidente, o si habían hecho la caca suelta, o habían vomitado las ostras en el váter del restaurante; o, ¿por qué no?, si habían bebido un poco más de la cuenta. En realidad, sí que papá hizo alguna averiguación, en el sentido de que telefoneó cinco veces al notario del abuelo para tener noticias de su testamento. Pero nada que pudiese dar luz alguna sobre las circunstancias de su muerte.

A la entrada del cementerio, mi padre interrumpió mis pensamientos.

—Yo no soy ningún maniático de los misterios, como tú —me dijo en voz baja.

—Bueno, pero un poquito sí que podrías indagar —insistí yo.

—Ha sido un desgraciado accidente y basta —concluyó bruscamente apretándose la corbata.

Probablemente tenía razón. En mis trece años de vida, ninguna de las investigaciones que yo había llevado con verdadero celo y pasión me habían traído éxito alguno, salvo algún pequeño descubrimiento, como, por ejemplo, el motivo de la alarmante desaparición del cartero durante un mes: una epidemia de sarampión.

O la también misteriosa desaparición de tres sellos de correo de la serie olímpica de la colección de nuestro vecino, que se resolvió con la confesión espontánea de su mujer: los había usado para enviar las tarjetas de garantía de unas galletas y poder ganar la servilleta de té que daban como premio. Ya se sabe, la vida es una continua sucesión de banalidades. Y en el fondo, quizá también la muerte sea una banalidad, pero siempre produce una cierta impresión ver entrar dos ataúdes en una fosa.

Mientras estaba pensando en todas estas cosas, los amigos y parientes fueron echando por turnos los primeros puñados de tierra sobre los féretros. También entonces, como en la iglesia, tenían todos la mirada en el suelo. Pero eso me parecía más comprensible, ya que pasear por un cementerio con la nariz levantada conlleva el riesgo de caer como un hoja seca dentro de una fosa recién abierta. De todas formas, cuando me tocó a mí echar tierra sobre los ataúdes, recité mentalmente una despedida a mis abuelos, que realmente me emocionó, pues me salió rimada:

«Adiós abuelos, idos, adiós abuelos queridos, adiós abuelos ricachos, ¡adiós abuelos borrachos!»

Aquella tarde, mi madre preparó un refresco para los huéspedes venidos de Milán: socios, amigos y conocidos de los abuelos banqueros, que habían llegado para participar en los funerales. Había veinticuatro flanes, unas cincuenta rosquillas fritas, un milhojas grande como un tambor, un pastel de frutas largo como un vídeo de 24 pulgadas y un montón de esquisiteces.

—¿Qué celebramos? —pregunté, mientras me metía en la boca una rosquilla.

—¡Jerry, deja de decir tonterías! ¡Si te oye tu padre, ya verás lo que te pasa! —dijo mamá mientras descorchaba una botella de cava.

Vamos a ver: la camiseta de Bart Simpson puede que no sea apta para un funeral, pero está claro que los pasteles y el cava ¡son perfectos para una fiesta de cumpleaños!

Y así, mientras mi madre se alejaba con una bandeja en la mano, me puse a meditar sobre las comilonas de los funerales. Llegué a la conclusión de que para que fueran más aceptables, debería haber dulces adaptables a las tristes circunstancias. Y así como en los bautizos las peladillas eran rosas y celestes, ¡las peladillas negras serían ideales! E imaginé un pudín de chocolate con forma de ataúd, rosquillas como coronas de flores y un gran milhojas con una minúscula tumba excavada en el centro, completada por una pequeña figurita de azúcar con la cara del difunto. ¡Eso sería espléndido!

De momento, me debía contentar con un milhojas cualquiera. Así que me marché al salón para coger una porción de tarta. Delante de la mesa preparada con los dulces, había un grupo de hombres vestidos de oscuro, todos con pocos cabellos y costosos relojes de pulsera. Se lanzaban sobre las bandejas doradas como una bandada de cuervos sobre mazorcas de maíz. Uno de ellos, que a fuerza de cucharadas había dejado el flan casi reducido a una pastilla de caldo de sopa, decía moviendo la cabeza:

—¡Pobre Gerardo! ¡Qué final tan trágico!

Entonces yo, que aún no había logrado a abrirme camino entre ellos, grité:

—Sí, un final trágico y también algo sospechoso.

El truco funcionó: los cuervos se volvieron de golpe hacia mí, abriéndome camino hasta la mesa. Yo me lancé a por uno de los últimos trozos de milhojas, pero el mismo cuervo que había hablado antes graznó en voz alta:

—¿Qué quieres decir, muchacho?

—Nada. Sólo que sospecho que mis abuelos aquella noche habían bebido más de la cuenta.

—¡Pero no eran ellos quienes conducían el coche! —añadió otro cuervo barrigudo.

—¡Ya, claro —repliqué yo, lamiendo el azúcar que me había quedado bajo la nariz—, por eso sería interesante hacerle alguna preguntita al chófer!

Entonces sentí un empujón mortal en mi espalda, que hizo que me tragara de través el último bocado de tarta, y me sentó tan mal como si realmente me hubiera tragado una pequeña tumba de mármol con cruces, lápidas y coronas. La mano que me apretaba con fuerza asesina era la de mi padre.

—Este jovencito, queridos señores —dijo papá con

voz histérica—, ve misterios por todas partes. ¡De cualquier cosa hace una novela policiaca! Y debería saber que un detective que se precie tiene que guardarse de decir palabras a lo tonto.

—¡No hablaba a lo tonto! ¡Es verdad que los abuelos empinaban a menudo el codo, y si yo veo misterios, ellos veían muchas veces doble!

En aquel momento mi padre aflojó la presión que ejercía sobre mi espalda, con la intención de calcular bien y soltarme un capón. Sin embargo, yo, con la intuición que me caracteriza, preví el movimiento y me lancé bajo la mesa. De esta manera, mi padre golpeó en el estómago a uno de los cuervos, que soltó el plato que tenía en la mano, cayéndosele el pastel, intacto, encima de los brillantes zapatos de otro cuervo empeñado en llenarse la tripa. Estalló un tumulto, sobre el que destacaba la voz de mi padre repitiendo a intervalos regulares:

—¡Oh, perdone, doctor Mazzetti, perdone!

Mamá corrió a buscar un trapo para quitar los restos de pastel del zapato del cuervo. Pero éste lo recogió todo con la cucharilla y —¡el colmo del asco megagaláctico!— lo volvió a poner en el plato, dispuesto a comérselo. ¡Ésos eran los amigos del abuelo!

Como se me habían quitado las ganas de comer y nadie se fijaba en mí, me escapé a hurtadillas a mi habitación. Pasé el resto de la tarde intentando reconstruir el accidente, ateniéndome a las pocas informaciones que tenía a mi disposición. Hice también un dibujo del Rolls chocando contra el camión, el chófer que gritaba y los abuelos medio piripis que reían muy contentos. Al final decidí archivar el caso por falta de indicios.

Papá no vino a darme las buenas noches. Mamá, sí. Se sentó en el borde de mi cama y me susurró:

—Debes comprenderle: sus padres acaban de morir y tú vas diciendo que estaban medio alcoholizados.

—¡Yo no he dicho eso! Yo sólo he dicho que habría que investigar...

Mamá levantó los ojos al cielo.

—Jerry, ¿cuándo te decidirás a crecer? La vida no es una novela de misterio, y si hay enigmas que resolver... bueno, no corresponde a un muchacho de tu edad ocuparse de ellos...

—Vale... ¡Pero sería un buen método para crecer!

Mamá bajó los ojos confundida, después sofocó un bostezo y dijo:

—Ya veremos. Ahora duérmete. El día de hoy nos ha destrozado a todos, el funeral, el cementerio... Sobre todo el cementerio. ¡Yo no sé a ti pero a mí los cementerios siempre me producen cierta agitación!

Y, acto seguido, se subió la manga como para enseñarme su piel de gallina. Le di un beso, tranquilo al descubrir que por lo menos ella no estaba enfadada conmigo.

Pero, instantes después, a oscuras y solo en mi habitación, metí la cabeza bajo la almohada con una extraña agitación. «Calma, Jerry» me dije, «es sólo el efecto del cementerio. No pondré más los pies en él, amigo mío. ¡O por lo menos tardaré en hacerlo!»

¡Pobre de mí, cuánto me equivocaba!

II

MÁS ALLÁ DE LA PUERTA DE MÁRMOL

DEBO ADMITIR que cuando la Navidad pasada me regalaron «El equipo del pequeño detective» me sentí como si me tomaran el pelo. No me gustaba que me tildasen de «pequeño detective», aunque por otra parte no podía pretender que me considerasen un «gran detective». Por aclarar un poco las cosas, antes de los acontecimientos de aquel verano, no podía ni tan sólo aspirar al título de «medio detective». Pero el equipo ofrecía recursos inesperados, como un juego de *walkie-talkies* (inútiles sin un colaborador válido), una *polaroid* con un teleobjetivo incorporado y una minigrabadora escondida en un falso estuche portapañuelos.

La mañana después del funeral, estaba mirando mi archivo de fotografías (un álbum de fotos con las caras de los tipos de más mala catadura que había podido inmortalizar) cuando mi madre entró en la habitación. Con mi agudeza natural, enseguida noté que en el ambiente había algo que no funcionaba. Quizá porque me miró preocupada y me llamó Gerardo como hace siempre en los momentos solemnes: la entrega de las papeletas de notas o la visita al médico para el control del crecimiento.

—Gerardo, sabes bien que estamos de luto —me dijo.

—Elemental, querido Watson, ayer estuvimos de funeral —respondí, fingiendo sostener una pipa con la mano derecha. ¡Qué estupendo el tal Sherlock Holmes! Yo no perdía la ocasión de imitarle.

Mamá esbozó una sonrisa. Después prosiguió:

—... estamos de luto, así que este año nada de vacaciones.

Extraño pero cierto: a Sherlock le pilló de sorpresa, no se lo esperaba. Me quedé de piedra con mi pipa invisible en la mano.

—¿Qué quiere decir «nada de vacaciones»?

Mamá pareció enfadada.

—¡Entérate de una vez! Ha habido una tragedia y los abuelos han fallecido. Ni tu padre ni yo tenemos *cuerpo* para irnos un mes a la playa.

Mientras mi madre escupía sus palabras como una metralleta, me entró una gran nostalgia de la playa al atardecer, de las ramas de romero que mordisqueábamos mis amigos y yo al salir del agua y del bañista sospechoso al que habíamos perseguido todo el mes de julio pasado (y con razón, pues después de haberle perseguido treinta días seguidos, el miserable nos tiró al agua vestidos, con la pretensión de ahogarnos).

Era duro renunciar a todas aquellas cosas, pero sabía que sería inútil insistir. Era evidente que papá ya había tomado su decisión. De todas maneras, durante la cena hice un último intento:

—Papá —dije—, ¿y si fuéramos a la playa guardando el luto?

Papá levantó lentamente los ojos de su plato de espinacas. Su cara no prometía nada bueno, pero yo ya estaba lanzado.

—Quiero decir si compramos trajes de baño negros, toallas a rayas de luto y plantamos cada día pequeñas cruces alrededor de nuestra sombrilla... Así la gente verá que estamos de luto, que no estamos de humor y no queremos ser molestados.

Mi padre se volvió hacia mamá como si yo no existiera.

—¿Tú entiendes lo que tiene en la cabeza *tu* hijo?

—También es *tu* hijo y ¡además es aún un chiquillo! —gritó mamá, levantándose de golpe de la silla.

Mi olfato infalible olió aires de tormenta. Tuve el tiempo justo para coger un panecillo y un plátano y marcharme a mi habitación. Entonces estalló la catástrofe. Gritaron durante casi una hora. Se dijeron cosas tremendas, pero lo más interesante (al menos para mí) fue que en un cierto momento mamá empezó a insistir para que por lo menos yo (que indudablemente era todavía un niño) tuviera algunos días de vacaciones. Teniendo en cuenta, además, que el curso me había ido bien y había obtenido buenas notas. Papá replicó que en casa no me había ido tan bien, pues mis llamadas telefónicas para investigaciones varias habían ocasionado una cuenta espantosa y que cada día llegaban reclamaciones de gente molesta por mis indagaciones. De la risa me dio un calambre, cuando papá gritó como un obseso:

—¡Menudo papelón estamos haciendo! El mes pasado incluso telefoneó a Correos insinuando que nuestro cartero había sido secuestrado, y el pobre estaba en cama con el sarampión. ¡El sa-ram-pi-ón!

A pesar de todo, mi madre ganó al final y le convenció para mandarme de vacaciones a cualquier sitio durante el mes de julio. Papá cedió cuando se dio cuenta de que, por lo menos ese mes, tendrían un poco de calma. Siempre y cuando yo no acabara privando de felicidad y suerte a algún desgraciado en el lugar de vacaciones.

El día después, también a la hora de comer, mientras yo ensayaba mi nueva lupa, examinando escrupulosamente la trama del algodón de nuestro mantel de cuadros, papá se aclaró la voz y dijo:

—Tenemos algo que decirte, Gerardo.

—Yo, por mi parte, os tengo que hacer dos preguntas —repliqué soplando en la lupa y limpiándola con la servilleta.

—Oigamos —suspiró mamá.

—La primera es: ¿qué tal le va al chófer de los abuelos?

Papá procuró mantenerse en calma estrujando el borde de la mesa con las manos. Después respondió.

—Está en el hospital, en estado de *shock* —a continuación gritó—: ¡Si yo estuviera en tu lugar, procuraría no ir a molestarle!

El tono de su voz me convenció enseguida. Así que pasé a la segunda pregunta:

—¿Dónde iré en vacaciones?

Mis padres se sorprendieron de que estuviera ya al corriente del asunto. En realidad, era de lo que querían hablarme.

—Elemental, querido Watson; oí vuestra discusión —confesé yo.

Incluso papá esbozó una sonrisa. Así nos reímos todos juntos y aquellas fueron las últimas risas antes de la dramática revelación que tuvo lugar entonces.

¿Me acordaba de aquel simpático primo de papá que vivía en Alto Adige? No, no me acordaba. ¿Sí, hombre, aquel hombretón, Adelmo, el que criaba murciélagos? Sí, uno que estaba un poco mal de la cabeza... ¡Claro!, ahora sí que me acordaba de él.

Pues justo ese día le había mandado a papá un telegrama de pésame por la muerte de los abuelos, que eran sus tíos. Papá le había telefoneado para darle las gracias y así, palabra tras palabra, habían hablado de las vacaciones, o sea de que no se podía dejar a un chico de trece años en casa un verano entero a pesar de aquella tragedia familiar. Y ¡ahora venía lo bueno! ¡Aquel simpático de Adelmo me ofrecía una estancia gratis en su casa, nada menos que a Ca'Desolo!

—Ca'Desolo, la Disneylandia del Alto Adige —comenté yo con un nudo en la garganta.

—No te lo tomes así —se apresuró a añadir mamá—. Es verdad, es un pequeño pueblo de montaña; pero el aire es sanísimo y...

Creo que fue en ese mismo momento. Me vino como un relámpago. De golpe recordé quién era y sobre todo *qué hacía* aquel Adelmo. Algunos años antes papá, en un viaje de negocios, había ido a visitarle y había explicado un poco disgustado que le había sorprendido en *su mismo lugar de trabajo,* con pala y pico en sus manos. ¡No! ¡Aquello era demasiado! Interrumpí a mi madre gritando con toda la fuerza que tenía en la garganta:

—¡Ah, no, maldición! ¡No me convenceréis de que pase mis vacaciones en un *cementerio!*

Pues sí. Adelmo era guardián y también enterrador del pequeño cementerio del pueblo. Y aún mejor: vivía justo allí *dentro,* en una casita baja, amenizada por una familia de murciélagos, que hubieran hecho temblar de miedo al mismísimo conde Drácula.

Como de costumbre papá puso cara severa.

—Si en lugar de exprimirte el cerebro para hacer cosas que fastidien al prójimo indefenso, hicieras de una vez uso de tus células grises, quizá llegarías a entender que un cementerio es un lugar como otro cualquiera; es un lugar al cual antes o después debemos acudir todos.

—Pues yo ¡espero ir lo más tarde posible! Y la misma mamá me comentó que los cementerios le producían cierta agitación —grité yo.

Mamá, viendo la cara de mi padre, rápidamente dio marcha atrás.

—Sí, es verdad —añadió con expresión seráfica—; pero los cementerios de pueblo, tan pequeños y recoletos, producen sobre todo serenidad.

Durante la media hora siguiente mis padres discutieron, resumieron y explicaron todas las ventajas y los innegables atractivos de unas vacaciones en el cementerio. Oyéndolos, uno acababa extrañándose de que el cementerio de Ca'Desolo no encabezara la lista de ofertas de todas las agencias turísticas de Italia, y que no fuera meta de excursiones organizadas, con estancia en la casita *folk* del primo Adelmo y visita panorámica a la zona de vuelo de los murciélagos. Lástima que no tuvieran para enseñarme un folleto con fotografías en color del camposanto: «¡Disfrutad de unas vacaciones de ensueño en el cementerio de Ca'Desolo! Lugar de quietud y relax, entre el verde de los cipreses, el morado de los crisantemos y el blanco de las lápidas. Hotel Adelmo, gran selección de fosas individuales y dobles, catafalcos siempre disponibles y amplio aparcamiento para coches fúnebres. Excursiones nocturnas entre los fuegos fatuos. Todo incluido.»

Es inútil decir que yo seguía en mis trece.

—¡He dicho que no, y que no! ¿Qué hago yo un mes entero con ese loco enamorado de los murciélagos y en ese lugar abandonado de la humanidad?

Mamá empezaba de nuevo con la propaganda turística cuando una extraña luz apareció en los ojos de mi padre.

—Bueno —dijo—. Ca'Desolo ciertamente está a la altura de su nombre, es desolado y todo lo demás. Pero quizá no sepas que el nombre apareció en los periódicos e, incluso, en la televisión...

Y así, como quien no quiere la cosa, papá explicó que un año antes Ca'Desolo había entrado en la crónica de sucesos por un accidente terrible acaecido justo en las cercanías del camposanto: una noche de tormenta, un autobús lleno de niños se había precipitado por un barranco. Una tragedia inquietante. No sobrevivió nadie, el autobús había estallado y sólo encontraron los cuerpos carbonizados.

—Imagino que hicieron todas las investigaciones debidas —dije yo con un cierto interés.

—Bueno, para saberlo habría que echar una ojeada por allí —dijo papá con una extraña sonrisa debajo del bigote.

—¡Justo! —concluyó mamá con aire de triunfo.

Dos semanas después, mientras estaba revisando para el viaje mi equipo de detective, sentí dentro de mí una especie de corriente eléctrica. «Por fin», me dije, «una verdadera investigación policiaca, y sin estos dos intentando meterse por en medio».

Pero cuando unas horas más tarde, papá y mamá me dejaron ante la cancela del cementerio y caminé junto a Adelmo entre las cruces bañadas por el sol de aquella veraniega mañana, hubiera cambiado todo mi instinto de detective por subirme al coche y volverme con ellos. Sin embargo, seguí con paso firme y decidido, recordando que el gran Sherlock no se habría desanimado por un par de tumbas y cuatro murciélagos. Así, cuando mamá me gritó con la voz algo trémula:

—¡Buenas vacaciones, Jerry! ¿Te divertirás, verdad?

Yo no pude hacer otra cosa que responder:

—Elemental, querido Watson, estoy en un cementerio...

Después, pensé con resignación que si unas vacaciones en la playa no encajaban con nuestro luto familiar, unas vacaciones en un cementerio eran lo mejor en aquellas circunstancias, y ese pensamiento sirvió para consolarme algo.

III

Apariciones en la torre

Aunque en apariencia Adelmo fuera un poco rudo, tenía un cierto sentido del humor. Estábamos andando por el camino que llevaba a su casa (él delante llevando levantada mi bolsa de viaje para evitar que tropezase con las cruces, y yo detrás con el equipo de detective entre los brazos) cuando de golpe tuvo una salida que no estuvo nada mal:

—Allá están las fosas recién excavadas —dijo indicando un rectángulo de tierra removida y una pequeña excavadora, bastante cerca de donde estábamos—. Atento, no te caigas dentro, que no tengo ganas de hacer trabajos extra.

Soltó una gran carcajada y cuando yo estaba a punto de unirme a coro con él, se puso serio y ceñudo. Y no dijo ni una palabra más hasta que entramos en su casa, en una gran cocina ennegrecida, con el encalado de las paredes cayéndose a trozos.

—Ahora te enseñaré tu habitación —dijo subiendo por una destartalada escalera de caracol.

La escalera llegaba a un pequeño vestíbulo circular, al que daban tres habitaciones: el cuarto de baño, su habitación y la mía. Mi habitación era un cuarto escuálido, con una cama de hierro, un armario carcomido y una pequeña butaca rota por varios lados, cuyo tapizado rojo se salía de la funda como los intestinos asomando por una barriga abierta. «Es la butaca de Jack el Destripador», pensé.

—¡Aquí está! —dijo Adelmo dejando mi bolsa en el suelo de baldosas—. No sé yo si es una habitación apta para un muchacho. No estoy casado, no tengo hijos y no me acuerdo de cuando tenía tu edad.

Dicho esto, se rascó la cabeza con su manaza. No sé por qué, pero me dio un poco de pena. Así que le dije deprisa:

—Está muy bien. No es muy diferente de mi casa.

Bueno, quitando la moqueta, el ordenador y el vídeo... Ya sabéis que un buen detective debe saber mentir en ciertas circunstancias.

Adelmo se frotó las manos sonriendo.

—Sí, pero estoy seguro de que en tu casa no hay tanta paz como aquí. Aquí se duerme estupendamente, ¡hay un silencio sepulcral!

Otra gran carcajada. Después, bajando la escalera, desapareció como tragado por una fuerza oscura. Quiero decir que no suele ocurrir que un hombretón grande y gordo como él tenga esa agilidad y rapidez de movimientos. Uno segundos después, mientras yo aún reflexionaba sobre este hecho, oí su voz desde el piso de abajo:

—A propósito, Gerardo; puedes llamarme «tío» si quieres.

A lo que yo contesté enseguida:

—A propósito, tío; puedes llamarme Jerry si quieres.

Diré entre paréntesis que no me gusta nada tener un nombre como el mío. Pero por otra parte creo que es muy cómodo poder disfrutar de un diminutivo estupendo como Jerry, perfecto para el protagonista (desde luego detective) de un *thriller* americano.

Y siguiendo con el tema, no sé si habréis notado que ningún detective puede tener vacaciones. Precisamente, suele ser en los lugares de veraneo, a los que el héroe acude para descansar de las fatigas de un caso anterior, donde empieza otro caso urgente que resolver. Así que yo no me sentía verdaderamente de vacaciones.

Quizá por eso empecé enseguida a investigar mi habitación. No encontré nada raro, aparte de un orinal debajo de la cama (por suerte, vacío), de una tira de papel para cazar moscas colgada de la ventana (ésta sí, llena de víctimas) y de un curioso osito de plástico sin ojos, sobre la colcha. Seguramente el oso, en el pasado, habría sido de peluche y ahora había perdido el pelo por la vejez. Yo, de todas maneras, no había visto nunca un peluche tan estropeado. Mientras lo tenía entre mis manos, Adelmo me llamó para sentarme a la mesa.

En la mesa, el tío me pareció más alegre. Deduje que le gustaba comer. En diez minutos se bebió tres escudillas de *polenta,* acompañadas de tres raciones de setas y trufas.

—Siento —me dijo mientras tragaba con voracidad— lo que les ha pasado a tus abuelos...

—Oh, no los veía casi nunca... Y, además, no estábamos nunca de acuerdo —repliqué yo.

Adelmo dio un enérgico golpe de cabeza.

—¡Justo! ¿Tú entiendes a esas personas que no hacen nada más que llorar a sus muertos?

—Bueno, no sabría qué decir...

—Pues yo no. Cada día entierro muertos de todas clases: gordos, flacos, calvos, peludos. Morir es una cosa normal, como beber o comer. La diferencia es que te pasa una sola vez en la vida, Pero no se puede gemir por algo normal.

«Bueno, Sherlock, ya te han pillado», me dije. ¿Qué se puede responder ante una observación como aquélla? Me quedé sin palabras. Así que pensé en cambiar de argumento.

—Por cierto, tío —dije—. Hace ya tiempo que no me acuesto con ositos... Si no lo sabías...

Adelmo atendió en silencio y yo tuve la impresión de haberle ofendido. Después de comer, me propuso visitar «su reino». Se refería naturalmente al cementerio, y yo consentí con entusiasmo. Jamás doy marcha atrás cuando se trata de hacer algo insólito.

La primera etapa fue la gran pajarera de los murciélagos. La jaula estaba tapada con un trapo negro y los animales dormían todos cabeza abajo, como si fueran hojas secas suspendidas de las ramas de un árbol. El tío me los mostró uno por uno, llamando a cada uno por su nombre. Para reconocerlos les había pintado unas rayitas de diferentes colores en cada una de sus alas —tipo compañía aérea, para entendernos—. El más viejo se llamaba Satanito y tenía un ala marcada con rayas rojas. Mirándolas con ternura, me explicó el tío que la pajarera no era una jaula.

—¡Oh, no! —intervine yo, observando sus alas—.

¡Con esta flota de murciélagos, parece más bien un aeropuerto!

Pero él quería decir que para sus animales era como una cueva, una guarida. Por la tarde, antes de anochecer, les habría la ventana y los murciélagos salían en busca de comida. Y por la mañana, temprano, entraban de nuevo en la jaula para acostarse, cansados por la caza. ¿Cansados por la caza? Evidentemente, todavía no habían descubierto el piloto automático.

Después, Adelmo me enseñó el camposanto, con las tumbas rústicas (cruces de hierro), las tumbas sencillas (cruces de mármol y fotografía), las lujosas (cruces de mármol, fotografía y estatua fúnebre) y los mausoleos de las familias ricas de Ca'Desolo de Arriba, los Visentin y los Foscari. Estas dos familias estaban ya extinguidas y los mausoleos eran de finales del siglo XIX: uno tenía forma de pagoda y estaba construido con mármol verde y bronce; el otro tenía el aspecto de un pequeño castillo, una construcción de mármol negro, con aspilleras vagamente iluminadas desde dentro y una torre rematada con una cruz.

—El castillo no es muy original, pero la pagoda es soberbia. ¿No crees? —me dijo Adelmo con admiración.

A mí, sin embargo, el castillo no me desagradaba.

—¿Cómo és que se ven luces por las ventanitas? —pregunté.

—Son luces perpetuas. ¡Arden de día y de noche! —dijo él con tono de experto.

En aquel momento levanté los ojos hacia la torre. Fue entonces cuando vi por primera vez algo que me acompañará en todas mis pesadillas hasta la muerte: un niño palídisimo, alto y delgado, que miraba hacia abajo: hacia mí. Me miraba con ojos profundos y malignos, la boca apretada con gesto de desafío. Sus cabellos, negrísimos, bajo el sol de la tarde, tenían reflejos azules como las alas de un cuervo. No creo haber visto una cosa más pavorosa en toda mi vida, si se exceptúa la escena de *El resplandor* en la que el niño en triciclo ve aparecer a las gemelas fantasmas. Pero eso es de una película y esto, por el contrario, era verdad. Lástima no tener un mando para poder cambiar enseguida de canal. Menos mal que Adelmo estaba a mi lado.

—¡Tío —grité agarrándole su grueso brazo—, hay un niño en la torre!

Adelmo alzó la vista y, naturalmente, el chico había desaparecido. Respiré más tranquilo.

—Te has equivocado —me dijo.

Estaba tan desconcertado que ni siquiera me sorprendió que el tío no me preguntase nada sobre mi extraña visión. Me limité a seguir sus pasos en mi visita oficial a su cementerio. No sabía yo que las sorpresas apenas habían empezado.

La etapa siguiente era el osario, un alto edificio de cemento con las paredes tapizadas de pequeñas lápidas rectangulares, compactas como las cajas de seguridad de un banco (los abuelos bebedores tenían bastantes). ¿Otras tumbas? No del todo. El tío me explicó que después de un periodo de quince años aproximadamente, las tumbas «regulares» se destapaban y vaciaban para hacer sitio a otros clientes. Los cadáveres (o, mejor dicho, lo poco que quedaba de ellos) eran exhumados.

—Exhum... ¿qué? —pregunté con un hilo de voz. La aparición de hacía un momento me había secado la garganta.

—Separo los huesos y los meto en una urna, una cajita, que después pongo aquí, con el nombre y apellido del difunto en la lápida.

Prácticamente estábamos rodeados de paredes tapizadas de huesos. Me apresuré hacia la salida, pero el tío me agarró por un brazo diciendo que quería enseñarme algo. Después miró alrededor y se fue a buscar una escalera de hierro, que estaba tirada en el suelo. Por un momento se quedó perplejo.

—O estoy mal de la cabeza o aquí hay fantasmas —murmuró.

Las dos cosas, habría querido gritar. Pero el tío prosiguió:

—Estaba seguro de que ayer había dejado la escalera apoyada en la pared y ahora...

Encogió los hombros y apoyó la escalera en la pared de enfrente. Subió y se paró en el cuarto escalón. Entonces me indicó una pequeña lápida, que desde el suelo no parecía diferente de los centenares de alrededor. Después dijo satisfecho:

—Mira aquí: *David Roghi, 15/7/l978-12/2/1982.* El osito que hay en tu habitación era suyo.

—¿Cómo? —balbuceé. Ahora yo era un detective fracasado, todas las preguntas morían en mi garganta.

—No tienes idea de las cosas que se encuentran en un ataúd durante una exhumación. Claro que lo más normal son rosarios, sortijas, crucifijos y objetos así. Pero en los pequeños hay hasta juguetes.

Empecé a intuir la atroz verdad. Pero Adelmo hizo un extraño gesto: acarició la lápida del pequeño difunto.

—Yo conocía a David —dijo serio—. Lo exhumé el día de antes de tu llegada. Y pensé que te gustaría dormir con su oso.

Naturalmente preferí callar. No iba a responder: «Gracias, tío; siempre he soñado dormir con el esqueleto de un osito que ha estado encerrado en un ataúd quince años con el cadáver de un pobre niño». Pero sí fui capaz de pensar: «¡Dios mío, Jerry, con qué tipo tan raro te has topado!».

El *tour* por el cementerio no había acabado. Mi amado tío quería enseñarme más cosas.

—Aquélla es la cámara mortuoria —dijo indicando una rústica construcción amarilla, con aspilleras en lugar de ventanas.

Después me explicó que en ese momento estaba vacía, pero que era allí donde exponían los féretros abiertos antes de enterrarlos. Honestamente, ya no podía más de aquella visita. Extraño, pero cierto: no veía la hora de regresar a la casa y sentarme, extenuado, en la butaca de Jack el Destripador. Aunque tuviera que acunar a un murciélago sobre mis rodillas. Todo con tal de acabar aquel horror.

Tal vez Adelmo adivinara mi estado de ánimo, pues se encaminó hacia la casa. Mientras regresábamos, me hizo notar con orgullo la belleza de los pequeños setos de siemprevivas que había en cada tumba. Las cuidaba él personalmente con amor y dedicación.

—Odio las flores artificiales. ¡Si estuviera muerto, saldría de la tumba para hacérselas tragar a quien las hubiera puesto! —dijo riendo.

Y me señaló un ramo de rosas de plástico, ennegrecidas por el polvo, metidas en un jarrón sobre una tumba que había junto al camino. Un poco más allá del jarrón, la fotografía ovalada pegada en la lápida me dejó aterrado. Era la foto de un muchacho de mi edad, con los ojos profundos y el cabello negro como el ébano. ¡El chico de la torre!

IV

UN ESPECTRO PIDE AYUDA

AUN SIN SABERLO, estaba ya inmerso en las espesas tinieblas, más allá de la misteriosa puerta que había atravesado. La visión de aquella fotografía fue para mí como un atroz golpe en el corazón, que me provocó una parálisis total de las extremidades (por fortuna, sólo me duró medio segundo) y trastornos de todo tipo: la vista se me nubló (a pesar del sol, que brillaba tremendamente), los dientes comenzaron a castañetearme y sentí necesidad de orinar. El rostro maligno de aquel muchacho me llenaba de horror, pero todavía me aterrorizaba más la idea de que se tratase de un fantasma. Y así lo daba a entender también la inscripción de la lápida:

Ángelo Casentin, 2/11/1986-27/4/1999
Pequeño inocente, ¡tus padres aún no creen en el atroz destino
que te ha separado de ellos!

El chico que yo había visto en la torre no parecía ni pequeño (era dos palmos más alto que yo), ni tampoco inocente. Pero ya se sabe que los padres, cuando se trata de sus hijos, tienen delante de los ojos dos lonchas de jamón bien gruesas. Todos menos mi padre, naturalmente, que por lo que se refiere a mí, delante de los ojos no tiene ni siquiera una transparente loncha de queso.

Bueno, la fotografía estaba clara. El chico era, sin duda, el que me había mirado desde la torre del mausoleo. O sea, que nada de paz, nada de dormir tranquilo. ¡En realidad, podía perder el sueño para siempre!

No creo que Adelmo se diese cuenta del pánico que me había entrado a la vista de aquella tumba. En todo caso, hice todo lo posible para que no se me notase y decidí no hacer preguntas, aunque tuviera muchas ganas.

Pero gracias a la intuición infalible de la que estoy dotado, sentí que me encontraba frente a un gran misterio. Y, ante todo, tomé la decisión de recapacitar a solas.

Esperé con angustia el crepúsculo. Después de aquella tarde alucinante, ¿lograría soportar la visión de aquel lugar, inmerso en las tinieblas? Antes de que imperase la oscuridad total, decidí tomar algunas precauciones. En primer lugar escondí el macabro osito dentro del orinal, que comparado con una caja de muertos era bien confortable. Después, cogí la linterna del equipo de detective y la escondí bajo la almohada por si algún fenómeno sobrenatural hacía saltar la electricidad de la casa. A continuación, corrí las cortinas de la ventana, para ahorrarme la vista del camposanto *by night*, con luces encendidas, fuegos fatuos y otras lindezas por el estilo.

Sólo entonces me di cuenta de que mi ventana se abría sobre una pequeña terraza frente a la jaula de los murciélagos. Una ojeada rápida me reveló que la terraza estaba a muy pocos metros del suelo y que podía entrarse en ella por una puerta ventana, seguramente de la habitación del tío. Por consiguiente, cualquiera podría trepar desde fuera, escalando el grueso canal que bajaba desde el techo. Este pensamiento me aterrorizó. Otra mirada furtiva (aquel día ya había visto demasiadas cosas) me mostró la jaula vacía. Eran las ocho y media y Adelmo ya había abierto las ventanas de la pajarera; Satanito y compañía habían despegado en formación a la caza de insectos. Seguramente les chiflaban los gusanos, que debían abundar por aquellas partes. ¡Ja, ja, Sherlock, qué chiste tan bueno!

Después de cenar, me resistía a irme a la cama. Pero fue el tío el que, no pudiendo aguantar ya más mi exagerada conversación, me dijo bostezando que si quería yo podía quedarme un rato, pero que él se iba a acostar, pues tenía la costumbre de hacerlo pronto.

—Un enterrador no se acuesta nunca tarde —dijo sofocando otro bostezo—. Le gusta el reposo, ¡incluido el eterno!

Y con una carcajada cavernosa, subió por la escalera de caracol y desapareció en el oscuro vestíbulo.

—¡Buenas noches, tío! —dije con voz temblorosa.

No sé si me contestó. Yo estaba verdaderamente aterrorizado. Incluso me acosté sin desnudarme, con la certeza de que durante la noche algún extraño suceso podría empujarme a la fuga y que sería menos vergonzoso huir en vaqueros y camiseta, que llevando puesto el pijama de Spiderman. Aunque sería un verdadero problema encontrar entre las tumbas un refugio, o dentro del osario, o en la cámara mortuoria. Pensándolo bien, el único lugar seguro era aquella casa cochambrosa.

Quizá fue este último pensamiento el que me hizo caer lentamente en el sueño. Éste y la cara escéptica del viejo Sherlock que, sacándose la pipa de la boca, repetía como un disco roto: «Elemental, querido Watson; todos saben que los fantasmas no existen».

Es difícil decir cuánto dormí: diez minutos, media hora, una hora. No había mirado el reloj antes de acostarme. Sé sólo que de repente oí golpear repetidamente en la ventana. Reaccioné con una calma extraordinaria y mucha sangre fría. Después de haber tragado un poco de saliva, saqué la linterna de debajo de la almohada, la encendí y me acerqué cautamente a la ventana. Una sombra sutil se recortaba detrás de la cortina blanca. ¡Una sombra humana! Aquí mi sangre fría se derrumbó. Había llegado a pensar que el ruido que había creído oír era producto de la sugestión. ¡Pero aquella sombra no era una sugestión!

Me parece que perdí el sentido durante unos segundos, puesto que, sin ningún motivo, tiré de la cortina con todas mis fuerzas, ésta cayó sobre mi cabeza y yo rodé por el suelo de la habitación. A pesar de mi aturdimiento y del pánico, me di cuenta de que algo tiraba fuertemente de mis cabellos, pero no pude lograr emitir ningún grito. Todos los sonidos morían en mi garganta.

Sin embargo, alguien gritó por mí:

—Abre, te lo ruego. ¡Déjame entrar!

El fantasma tenía voz de chica. Solté un suspiro de alivio. No es que un fantasma femenino me diese menos miedo que uno masculino, pero el hecho de que no tuviera nada que ver con la cara maligna del espectro del pequeño inocente que me perseguía desde la tarde, me dio coraje. O sea, que me levanté y abrí la ventana. No me di cuenta de que aún llevaba la cortina encima. El espectro gritó y yo di un salto hacia atrás tocando con la mano el interruptor de la luz. Al hacerlo, la cortina se cayó al suelo.

El espectro rió. Después dijo:

—¿Qué haces con la tira matamoscas sobre la cabeza?

¡Mecachis! Llevaba la tira de papel pegada a mis cabellos. Me la quité arrancándome algunos pelos. Luego, pude gritar a gusto. El fantasma entró por la ventana, se acercó a mí; tenía una cara burlona, el pelo rojo y despeinado, los dientes salidos y un montón de pecas en la nariz, en las mejillas y hasta en el cuello.

Cuando recobré la voz, le exigí:

—¡Párate! ¡Dime rápido tu fecha de nacimiento, fecha de tu muerte y tu epitafio fúnebre. Y a propósito, ¿eres de una tumba rústica, sencilla o lujosa?

El fantasma se colocó bien los tirantes del peto vaquero. Después me miró con ojos asombrados y me dijo:

—¿Qué cuernos quieres saber? Todo lo que te puedo decir es que me llamo Domitila, pero tú llámame así y te tiro por la ventana.

—Entonces, ¿cómo te llamo?

—Tila. Tila Lagrande. ¡Oye, no creas que estoy presumiendo, Lagrande es mi apellido!

Mi corazón empezó a latir casi normalmente. Aquella chica no podía ser un fantasma. Es un hecho comprobado que no existen fantasmas pecosos. Hasta el tonto de Watson lo habría notado.

—Gerardo Conti —le dije tendiéndole la mano—. ¡Pero tú llámame Gerardo y te tiro por el balcón!

Soltamos nuestra primera carcajada juntos, pues habíamos descubierto que teníamos algo en común: un nombre imposible. También la frase siguiente la dijimos a coro:

—¿Sabes? Te había confundido con un fantasma.

Más risas. Después, llegó el momento de las explicaciones.

—¿Tú, qué haces a estas horas en un cementerio?

Tila se sonrojó.

—Es inútil que te lo diga. No me creerías.

—Desde hace doce horas estoy dispuesto a creerlo todo.

Tila se quedó un momento pensativa.

—Bueno, seguía a un fantasma. Tengo una cuenta pendiente con él.

Esta chica está loca, pensé. Adelante con el interrogatorio, Sherlock.

—¿Por qué has llamado a mi ventana?

—¡Necesito ayuda! Y sabía que hoy llegaba el sobrino de Ade.

—¿Ade?

Tila soltó una risita.

—Adelmo, es así como le llaman todos. El *Ade* era *el más allá* de los antiguos griegos.

—Elemental, *el más allá* igual a ultratumba —observé yo.

Tila se sentó en la butaca de Jack. Después, siguió hablando.

—Ade me dijo que su sobrino dormiría en esta habitación, por eso he venido a llamarte. ¡A propósito! Me has dado un buen susto envuelto en la cortina, y eso que yo tengo un hígado a prueba de bombas. Lo resisto todo...

En aquel momento creo que enrojecí hasta las orejas, y por eso la interrumpí con otra pregunta:

—¿Por qué no has ido a despertar a Adelmo? A él le conoces y a mí no.

Ella sacudió la cabeza.

—Justo porque le conozco. Se enfurecería una barbaridad si supiera que he entrado por la noche en su cementerio y además con...

En aquel momento se levantó de un salto indicándome que me callara. A lo lejos se oía un intenso y continuado ulular.

—¡Tumba! —gritó bajando precipitadamente por la escalera—. ¡Casi me había olvidado!

Me invadió una nueva oleada de pánico y la seguí hacia la cocina. Pero antes de que pudiera salir por la puerta, la agarré por un brazo.

—Yo no sé tú —grité—, ¡pero yo no tengo la intención de salir fuera y saludar a los muertos que ululan en sus tumbas!

Tila tuvo un ataque de risa histérica. Yo me encontraba al borde de la desesperación. Unos minutos después, se decidió a darme una explicación:

—Tumba es mi perro. En realidad se llama Tumbadito, porque de pequeño siempre estaba tumbado, era muy perezoso. Pero es un nombre demasiado largo, prefiero Tumba.

Y como yo seguía sin entender nada, añadió:

—Se ha caído en una fosa abierta, ¡y necesito que me ayudes para sacarlo de allí antes de que Adelmo se dé cuenta!

¡Adelante, Sherlock, te ha tocado!

Así, con el corazón en un puño, avanzaba por el camino oscuro, siguiendo la cabeza pelirroja de Tila. En la oscuridad de la noche, los fuegos fatuos brillaban temblorosos como ojos. Entonces recordé que había guardado la linterna en mi bolsillo. La saqué y la encendí iluminando los pasos de Tila. La aventura había comenzado.

V

NOCHE SIN FIN

¿HABÉIS VAGADO alguna vez de noche por un cementerio? Seguro que no, a menos que hayáis pasado recientemente una temporada en un manicomio. Bueno, pues en el caso excepcional de que os encontrarais en un situación parecida a la mía, os desaconsejo fervientemente seguir una experiencia de esta clase. Yo mismo, una vez cerrada la puerta de la casa tras de mí, me habría dado con gusto cachetes en la cara. Si hubiese continuado durmiendo entre las sábanas, lo máximo que me hubiera podido ocurrir habría sido despertarme con un ojo morado.

Mientras andaba detrás de Tila, que iba muy tiesa por el camino, me dije «idiota» por lo menos veinte veces. ¿Por qué había hecho caso a una niña que no conocía de nada? Una chica que, evidentemente, estaba mal de la cabeza, pues iba por la noche a perseguir fantasmas a un cementerio con un perro más loco que ella.

Mi miedo crecía a cada paso. Me parecía oír crujidos, silbidos misteriosos y extraños roces entre la hierba. De pronto advertí un movimiento encima de mi cabeza y una mano helada que me tocaba el cabello. Caí de rodillas —como de costumbre—, sin dar ni un grito. Pero un segundo después vi uno de los murciélagos de mi tío que danzaba dentro del haz de luz de la linterna. Al reconocer las rayas rojas de su ala, le grité:

—Satanito, ¡vete al infierno! —y con esa tonta imprecación, me entró una risa convulsa.

Entretanto, Tila se había apartado del camino, metiéndose entre las tumbas. Entonces tuve otro ataque de pánico, que despisté con un acceso de rabia.

—¡Perro mundo! —grité—, ¿dónde está esa famosa fosa del demonio?

Tila se volvió rápida.

—¡Oye, no te permito ofender a mi perro! ¡No tiene nada de inmundo!

—No lo decía por él. ¡Perro mundo es sólo una exclamación!

Ella se puso los brazos en jarras.

—Ya basta. ¡No digas nada más!

Mi angustia estaba a punto de traspasar los límites. Así que decidí cambiar de táctica.

—Perdona, pero si digo «perro mundo» no pretendo ofender a los perros y, menos, al tuyo. Y ahora me gustaría saber dónde está la famosa fosa.

—¡Ah, ya casi hemos llegado! —exclamó Tila—. Está detrás de la tumba de los Foscari. La que parece un castillo.

Si en lugar de esa respuesta me hubiera asestado un mazazo en la cabeza, habría sido más o menos lo mismo. Aun ahora resulta para mí un enigma cómo logré continuar caminando sin caerme al suelo como un saco de patatas. Las palabras «castillo», «torre», «fantasma» y «pequeño inocente» me rondaban por la cabeza en una danza infernal.

Cuando vi la silueta oscura del castillo, con las inquietantes aspilleras de las que salían focos de luz, estaba ya fuera de mí. Sin ni siquiera pensarlo, llegué de un salto junto a Tila y la cogí por el brazo.

—Oye, ¿qué estás intentando? —me dijo en tono burlón.

—Más bien me lo estoy haciendo encima —exclamé yo.

Ella se rió con ganas. De pronto oímos un aullido. Siguiendo las indicaciones de Tila, dirigí la luz de la linterna hacia un punto no muy distante de nuestros pies. De la oscuridad salió la silueta de una figura blanca que se agitaba en el fondo de una fosa profunda de unos dos metros. La figura parecía un extraño cruce entre perro y cerdo.

El perro, en cuanto vio a su ama inclinada sobre la fosa, empezó a saltar meneando la cola.

—¿Cómo piensas sacarlo de aquí? —pregunté.

—¡Con tu idea, naturalmente!

—¿Mi idea? —no sabía si estaba aterrorizado o fuera de mí.

Tila se puso seria.

—Supongo que tendrás una idea, ¿no? Si no ¿qué porras has venido a hacer aquí? ¡Hubieras podido decírmelo enseguida y quedarte tranquilo en casa!

Confieso que tuve el instinto irrefrenable de darle un empujón y tirarla a la fosa a hacerle compañía a su perro-cerdo. Así me habría librado sin demasiada dificultad y de un golpe de dos *fantasmas*. La dificultad, si acaso, estaría en deshacer solo el camino hacia casa. El pensamiento me sugirió la idea de que debía pertrecharme de una calma olímpica.

—Bueno, bien —suspiré—. Según mi opinión, para sacarlo sería necesario, sería necesario...

En realidad no tenía ni la más mínima idea de lo que era necesario para sacar a aquel chucho, aparte de un cuchillo de carnicero para cortarlo y reducirlo a finas lonchas de jamón.

—... ¡sería necesaria la escalera del osario! —sugirió una voz a mis espaldas.

—Elemental, la escalera —repetí yo como un autómata.

Tila intervino con entusiasmo.

—¡Bravo, Jerry! ¡Ésa es una buena idea!

Era una idea, y no era mala, pero no era mía. ¿Quién me había hablado?

Un escalofrío recorrió mi espalda, pero no tuve valor para darme la vuelta, ni tiempo de preguntar nada, puesto que Tila había ya desaparecido en dirección al osario y yo, naturalmente, la seguí. Lo más sensato era no quedarme solo con un fantasma rondando por aquel paraje. Así que había que ir corriendo a buscar la escalera, meterla en la fosa y esperar que la mortadela canina fuese tan espabilada que entendiera para qué servía una escalera en aquellas circunstancias.

La idea funcionó. El animalejo subió como un rayo. Cuando llegó al borde de la fosa, Tila lo cogió en brazos y lo llenó de besos.

—¡Tumba, pequeño Tumba! ¿Has visto qué listo es? ¡Lo has logrado!

¿Listo él? Listos nosotros, si acaso. Y más aún, listo el que tuvo la idea de la escalera... Metido de lleno en nuestra función de salvamento, me había olvidado de la voz misteriosa. Cuando me volvió a la mente, no vi la hora de echar a correr. Animado por una inesperada energía, me puse al frente de la expedición. En menos de lo que canta un gallo, llevamos la escalera al osario, donde la habíamos encontrado, y tomamos el camino principal. Entonces le pedí a Tila que me acompañase hasta casa, con el pretexto de que después le dejaría la linterna para que pudiese volver más cómodamente a la suya. Tila aceptó, y Tumba trotaba a su lado.

—¿Qué raza de perro es? —pregunté por el camino.

—No tiene raza, es un cruce entre callejero y foxterrier. ¿Es bonito, verdad?

—En el mundo los hay peores.

No creo que en toda mi vida haya tenido un respiro mayor que el que tuve cuando finalmente vi la puerta de la casa. ¿Recordáis que cuando Cristóbal Colón llegó a América, besó la tierra? Bueno, pues eso: yo habría besado el felpudo de la casa, si no hubiera sido porque en aquella covacha no había ni felpudo. Planté la linterna en las manos de Tila y le pregunté:

—¿Vives lejos?

—Ah, no te preocupes —respondió—. Vivo aquí, en la finca de la Uva Negra, justo detrás del cementerio.

¿Y quién se preocupaba? Así que disparé:

—Entonces, buenas noches a ti y a tu perro.

Tila pareció sorprendida.

—¡Vaya, espera un poco! Déjame por lo menos darte las gracias... ¿Tanto sueño tienes?

—Elemental, querido Watson: son las dos de la noche —contesté simulando un bostezo.

Tila se encogió de hombros.

—Muy bien, señor Sherlock. ¡Entonces, buenas noches y gracias!

Cuando le dije «de nada», ya le había cerrado la puerta en las narices.

Al entrar en la cocina, me dejé caer en una silla. Si hubiera sido el detective de una película policíaca americana, me habría preparado un doble whisky con mucho hielo. A falta de eso, decidí tomar un vaso de leche semidesnatada. Con el vaso en la mano, me fui hacia la escalera, pero de puntillas para no despertar a mi tío. Era hora de poner fin a aquella noche infernal. Suponiendo que hubiera un fin...

En la habitación la luz estaba encendida. La había dejado así cuando me precipité por las escaleras detrás de Tila. Por eso, la horrible visión que me esperaba se presentó ante mí tan clara y nítida como lo había sido la aparición en la torre bajo el brillante sol del mediodía: una figura espectral, alta y delgada, envuelta en un blanco camisón, estaba de pie, de espaldas, al lado de mi armario abierto.

Cuando oyó el ruido del vaso que se rompía contra el suelo, dio la vuelta lentamente hacia mí. Fue sólo un instante, pero bastó para que pudiese reconocer enseguida aquellos ojos oscuros y malignos, aquella cara de cera bajo su mata de cabello negro.

¡El fantasma del pequeño inocente!

VI

TERROR EN LA COCINA

NO RECUERDO ABSOLUTAMENTE nada más de aquella noche. Por segunda vez en mi vida (la primera vez fue cuando me vacunaron del sarampión), caí al suelo sin sentido. Sí, me desmayé. Cuando abrí los ojos, estaba tendido en el pavimento, en medio de un charco de leche y cristales rotos. Era ya bien de mañana y los primeros rayos de sol entraban por la ventana abierta. Como un robot teledirigido, sin tener en mi memoria recuerdos de ninguna clase, me metí en la cama y me dormí enseguida.

Soñé con el banquete del funeral de los abuelos. Estaban los cuervos negros, todos alrededor de la mesa de la sala, y estaban también los abuelos banqueros, que brindaban con dos copas llenas de vino.

—¿Pero, no estabais muertos? —pregunté sorprendido.

—Aún no, Gerardo —contestó el abuelo.

—¿De quién era el funeral de hoy, entonces? —pregunté de nuevo.

La abuela se puso a llorar. Después acariciándome me dijo:

—Cómo? ¿No lo sabes? *¡Era el tuyo, pobre pequeño inocente!*

Y me enseñó una caja de seguridad del banco. Pero no era una caja de seguridad, sino una urna de un osario y ¡contenía mis huesos!

Me desperté gritando. Constaté con alivio que no estaba muerto. Si aquello era una pesadilla, quizá también lo habían sido los demás acontecimientos de la noche. Pero cuando salté de la cama, la cortina rota y los cristales del vaso esparcidos por el suelo me devolvieron a la realidad. «Una ducha» me dije. «Una buena ducha y un desayuno abundante. Después, ya hablaremos de nuevo, Sherlock.»

La ducha fue una realidad bastante penosa (en realidad, no era una ducha, sino un tubo de goma enganchado a la bomba del jardín).

El desayuno fue estupendo: copos de avena y leche, y también zumo de frutas, mermelada de higos hecha en casa y un panecillo de mantequilla con forma de torpedo. El tío había pegado una nota en mi taza:

No te he querido despertar. ¡Buen provecho!

P.S. Hoy tengo un montón de trabajo: tres fosas atrasadas para arreglar, un par de exhumaciones y dos féretros urgentes que llegarán este mediodía. Cuando tengas hambre me encontrarás en la cámara mortuoria, hacia la una y media. He preparado emparedados de pollo.

Tío Ade

¿Íbamos a comer en la cámara mortuoria? ¿El tío comía emparedados de pollo sobre un catafalco preparado para la ocasión? Seguramente, a la luz de los cirios, con un bonito mantel morado y una graciosa corona mortuoria en el centro de la mesa. ¡Diablo de tío! Me estaba contagiando su humorismo macabro.

Mientras pensaba en eso, sonó el teléfono. Era mamá. Me bombardeó a preguntas. Si había dormido bien (¿cómo no? ¡una noche inolvidable!). Si me había divertido (¡un montón! El lugar era el segundo en diversiones, tras Eurodisney, con la diferencia de que la «casa embrujada» de Eurodisney era una barraca de feria comparada con lo de aquí). Si había conocido a algún muchacho de mi edad (uno, y me había quedado muy impresionado).

—¡Muy bien! —exclamó mamá—, apuesto a que es un muchacho con imaginación, igual que tú.

—Bueno...

Después, mamá me pasó a papá, que con su acostumbrado tono severo me recomendó que tuviera cuidado con mis investigaciones y que no me metiera en los asuntos de los demás si no quería tener un disgusto. ¿Cómo explicarle que eran los disgustos los que me seguían a mí?

Colgué el teléfono bastante enfadado y, al mismo tiempo, sorprendido por no haberles suplicado que vinieran a buscarme. Pero estaba seguro de que no me habrían creído ni una sola palabra de lo que les hubiera contado, y por otra parte me sentía inmerso en un misterio cada vez más profundo, que debía investigar fuera como fuera. Por no hablar de los colosales retortijones que notaba en mis intestinos y que aquella mañana ya me habían hecho correr tres veces al váter.

Estaba tirando otra vez de la cadena del váter, cuando oí llamar a la puerta. Era Tila, con un *chupa chups* en la boca y su perro atado con una correa. ¡Pobre animal! A la luz del día todavía parecía más un cerdo, con los ojos de un azul descolorido, bordeados de rosa, y el rabo corto como un tapón. Lamía algo con pinta de hueso. Tila me sonrió enseñándome sus dientes.

—¡Hola, Jerry! ¿Te acuerdas de mí?

—Elemental. Sería un pobre mentecato si no me acordase de ti.

Tila se rió.

—¿Siempre hablas como Sherlokc Holmes? ¡Estás como una cabra!

Bueno, si era así, ella era la rival mas importante que había encontrado. Tila sacó de su bolsillo mi linterna y me la devolvió haciendo una reverencia. Después, lamiendo su *chupa-chups*, entró en la cocina y se apoltronó en una silla. El perro se tendió a sus pies echándole el hueso encima de los zapatos. Un hueso largo y amarillo. Tila dio un salto en la silla.

—¡No, Tumba! —exclamó.

Cogió el hueso y salió fuera. Lo echó tan lejos como pudo, como si fuera un bumerán. Pero Tumba siguió su trayecto y corrió para recuperarlo, desapareciendo en el cementerio. Tila se encogió de hombros.

Después, al entrar en casa, me explicó por si no me había dado cuenta, que aquel era un hueso humano y que no se debe permitir a los perros roer huesos humanos, puesto que son sagrados.

—¿Es un hueso sagrado? —exclamé yo turbado.

—Seguramente es un fémur. ¿Qué quieres que le

haga? Se encuentran entre la tierra removida y a fin de cuentas Tumba es sólo un perro.

Bueno, sobre ese último punto, tenía mis dudas. Sin embargo, de lo que no tenía duda alguna, es de que había aterrizado en un lugar de locos. No sé si fue esa certeza o sólo aquel hueso macabro lo que me hizo perder la luz del intelecto.

—¡Locos! —empecé a gritar—. Todos locos, ¡una muestra de sobrantes de manicomio! Y lo que es peor, ¡perro mundo!, es que me estoy volviendo loco hasta yo.

Tila me apuntó con el palo del *chupa-chups.*

—Ante todo ten respeto a mi perro! —exclamó—. Y ahora explícame quién está loco y por qué.

Su tono decidido, me inquietó. Pero ahora, que ya había puesto la directa, lo solté todo: ¿era normal que un tío regalase juguetes de muertos y comiera emparedados de pollo encima de un catafalco fúnebre? ¿Y qué decir de una chica cuyo deporte favorito era hacer carreras nocturnas entre las tumbas, junto a una especie de chucho que roía huesos humanos en lugar de huesos de pollo o de conejo?

Tila se limpió en la camiseta los dedos pegajosos del *chupa-chups.* Después, disparó a quemarropa:

—Bueno, yo también conozco a un chico que en la era de la iluminación eléctrica, se va a la cama con una linterna de pilas, se divierte rompiendo cortinas y se pone como sombrero una tira pegajosa para cazar moscas.

—Pero yo puedo explicarlo... —balbuceé sonrojado hasta las orejas.

Pero Tila quiso explicarse la primera.

Lo primero que dijo fue que conocía a Ade desde que había nacido, y que era el hombre más valiente y honesto que jamás hubiera conocido. Y eso mismo, en el pueblo, lo pensaban todos. ¿Sus rarezas? Sólo deformación profesional, puesto que para él todo lo relacionado con la muerte era rutina y trabajo. Después de pasar una media de ocho horas al día entre fosas, ataúdes, tumbas y coches fúnebres, un *picnic* sobre un catafalco se convertía en la cosa más normal de esta tierra.

En cuanto a ella, ir de noche por el cementerio no era su deporte favorito. Lo había hecho la noche anterior por el motivo que ya sabía. Y había llevado a Tumba consigo sólo porque tenía mucho olfato, e incluso para detectar fantasmas.

—¿Y cómo es que no temblaste de miedo? —dije yo.

Tila soltó una carcajada.

—¡Este cementerio ha sido mi jardín de juegos desde que era pequeña. Jugaba al escondite en el osario y me iba a espiar los muertos que estaban expuestos en la cámara mortuoria!

Había quedado claro... Ahora me tocaba a mí dar explicaciones.

—Bueno —dije—, a mí me gustan los misterios...

Y en ese preciso momento se oyó un ruido siniestro sobre nuestras cabezas. Levantamos los ojos al techo, pero todo parecía normal. Empecé a hablar de nuevo:

—¡Pero no tengo mucha confianza en cementerios, muertos y apariciones!

Tila me miró sorprendida.

—¿Quieres decir que *ya se te ha aparecido* también a ti?

Otro golpe escalofriante, más sonoro que el primero. Tumba se puso a gruñir o, mejor dicho, a ulular.

Yo miré a Tila, sorprendido, sin hablar. Entonces ella se levantó de golpe pisando sin querer el hocico de su perro. Tumba soltó un ronquido de dolor. Sin hacerle caso, Tila se me acercó lentamente y, mirándome intensamente a los ojos, me susurró en voz baja:

—¿Has visto ya a *ese demonio*?

Tercer golpe. Un trozo de pintura del techo cayó sobre la mesa. ¿Un terremoto en el camposanto?

Me puse a gritar como un obseso:

—Sí, le he visto, ¡perro mundo! (perdóname, Tumba). ¡Le he visto dos veces!

Entonces se oyó un golpe lastimero, proveniente de la chimenea. Como por un misterioso maleficio, una nube de hollín negro se levantó de la olla de *polenta,* que estaba colgada con una cadena sobre el fuego. Un instante después, un montón de pequeños espíritus con largos cabellos negros empezaron a volar por la cocina. Era una cosa tan horripilante que yo cerré los ojos aterrorizado, escondiendo mi cara entre las manos.

Tila, por el contrario, continuó mirando como hipnotizada, viéndolos volar y salir por la ventana abierta, con sus largos cabellos fluctuando sobre el azul del cielo de verano.

VII

EL BARRANCO DE LOS NIÑOS MUERTOS

UNA MANO PECOSA me sacudió con energía.

—¡Abre los ojos, que ya se ha marchado!

Una vez más, lleno de pánico, apreté su mano fuertemente entre las mías. Tila sonrió. Luego, se puso seria:

—¡Ha sido él! Dime todo lo que has visto.

El corazón me latía con fuerza.

—No, te lo ruego. ¡Hoy no!

¡La mía fue una reacción cobarde, aunque no era para menos con todo lo que me estaba pasando! El caso es que Tila me prometió que durante aquel día ya no hablaríamos para nada de las apariciones, ni siquiera de aquel horrible espíritu que nos acababa de hacer una visita de cortesía. Después me propuso dar un paseo para enseñarme Ca'Desolo.

Fuera hacía un calor tórrido, el sol caía sin piedad sobre el camposanto. Las tumbas eran de un blanco tan cegador, que, a veces, los adornos de metal mandaban rayos brillantes. En medio de aquella selva de mármol vimos a lo lejos una figura maciza con camisa de cuadros y bermudas naranja, trabajando con una herramienta en las manos. Parecía un leñador vestido de verano, pero sabíamos que era el sepulturero. Tío Ade nos saludó sacudiendo la pala y gritó:

—¡Muy bien, Jerry, veo que tienes compañía!

Salimos por la cancela del cementerio. Y al rato ya teníamos la frente cubierta de sudor.

También el perro-cerdo parecía asmático: corría detrás de nosotros con dificultad, respirando con la lengua fuera. Con aquel calor, moverse sobre cuatro salchichones debía costar lo suyo.

Primero, Tila me quiso enseñar la finca de la Uva Negra, donde estaba su casa. La hacienda limitaba a un lado con los terrenos del camposanto, y las vides cubrían enteramente su tierras. ¿Elemental, verdad? Si no, ¿por qué canastos habría de llamarse de aquel modo? La familia de Tila era viticultora desde hacía más de cuatro generaciones, y el vino Lagrande de la Uva Negra tenía fama en todo el Alto Adige. Bueno, yo no lo había oído nombrar nunca, pero era tan conocido que probablemente aquellos borrachines de mis abuelos (descansen en paz), se hubieran bebido más de una botella en su vida pasada.

En la cancela de la hacienda, nos cruzamos con los padres de Tila. Tila me presentó como un amigo y, cuando iba a darles la mano para saludarlos, me di cuenta con horror de que mi mano todavía estrechaba la suya. ¡Perro mundo, qué mal rato! Sus padres debieron de pensar que éramos novios o algo por el estilo. Quizá por eso él me miró mal, como si hubiera tenido aquella mano metida en su bolsillo para robarle la cartera. ¡Pobre de mí, si mi tío hubiera estado por los alrededores, con gusto le habría pedido que me enterrara en una de sus fosas hondas y grandes!

El único comentario que su madre hizo fue:

—¡Ah, sí, el sobrino de Ade! El aspirante a detective. ¡Otra buena ocasión para hacerme enterrar antes de tiempo! Según Tila, mi tío Adelmo tenía la boca mas grande que una fosa sepulcral y la lengua más larga que un hueso femoral. Parece que ya antes de mi llegada, todo Ca'Desolo sabía que el sepulturero, además de una flota de murciélagos, tenía también un sobrino que emulaba a Sherlock Holmes. Siempre que la fama de Sherlock hubiera llegado a los oídos de los cadesolanos, claro.

Después de haber dejado la finca a nuestras espaldas, Tila y yo entramos en un camino secundario, y tras un par de kilómetros llegamos al pueblo. Visita relámpago: había sólo cuatro casas, una pequeña iglesia, una tienda de comestibles y una sala de recreativos. ¿Recreativos en aquel sitio? Sí, y venían a jugar hasta los chicos de las aldeas vecinas. El pueblo más cercano era Ca'Desolo de Arriba, donde estaba también el instituto al que iba Tila.

Salimos del pueblo y cogimos un atajo para llegar al cementerio. Tras una discreta pendiente, nos encontramos con un camino de tierra y Tila me enseñó una extensión con tiendas de campaña y un remolque bastante desastrado.

—Es el campamento de los gitanos —me dijo.

El campamento parecía desierto, si no fuera por una mujer gorda y morena con una gran falda floreada que estaba tendiendo ropa. Cuando nos vio, corrió hacia nosotros con la mano tendida.

—¡No tengo nada hoy, Miriam! —dijo Tila enseñando sus manos vacías.

Pero la gitana no nos dejaba. Entonces, yo señalé a Tumba y dije:

—¡Buena mujer, quédese con este perro!

Ni a la gitana ni a Tila les hizo gracia la broma.

—¿Conoces a esa gitana? —pregunté a Tila cuando nos alejamos del campamento.

—Sí, pobre, es viuda y tiene tres hijos pequeños. Y un hijo mayor que se marchó de casa el año pasado. Le resulta difícil tener que sacar adelante a la familia.

—¡Por eso un perro podría hacerle compañía! —dije yo riéndome.

Tila cogió una piedra del suelo y me amenazó con tirármela, Yo entonces escapé riendo hacia abajo por el camino de tierra, con ella y el perro soplando detrás de mí. Empezó a ser una verdadera persecución. Corría tanto como podía, a pesar del calor y de la pendiente. De vez en cuando me volvía para ver a mis perseguidores, sobre todo al cuadrúpedo, que parecía tener dificultades. Tila se reía con la cara enrojecida y yo reía más que ella. Y el horror de las apariciones nocturnas se hizo irreal y muy lejano.

Estábamos ya cerca del cementerio y Tila casi me había alcanzado. Así, al llegar a una curva, pensé despistarla cogiendo un pequeño sendero lateral que se perdía en un claro. No fue una idea brillante: el sendero era muy empinado y me costaba respirar. También a Tila debió de ocurrirle lo mismo porque gritó:

—¡No, Jerry, esto no va a ningún lugar!

Pero yo no me di por vencido y Tila tuvo que encaramarse detrás de mí. Después de unos cuantos metros, tuve que constatar que tenía razón: el sendero acababa bruscamente en el borde de un espantoso precipicio. El panorama que se extendía ante nosotros valía, sin embargo, el esfuerzo de la subida. Desde allá arriba se dominaba prácticamente todo el valle de Ca'-Desolo: el pequeño grupo de casas, apretado alrededor del campanario de la iglesia; toda la extensión de la hacienda de la Uva Negra, con la casa amarilla de Tila; el camposanto con sus blancas cruces y, finalmente, el camino que atravesaba el valle, hasta bordear, cerca del cementerio, un acantilado que desembocaba en el precipicio que se perdía hacia abajo.

—¿Qué es aquello de allá abajo? —pregunté.

Tila, que se acababa de sentar, se enderezó.

—Es el chasis de un autocar. El año pasado hubo aquí un accidente terrible.

¡Era verdad! El autocar de la excursión de los niños; el accidente del que papá me había hablado. Con las aventuras tan tremendas que había tenido en las últimas horas, me había olvidado del motivo que me había inducido a aceptar aquellas insólitas vacaciones: mi curiosidad con respecto a aquel espantoso accidente. Me había propuesto investigarlo, ¿no? Me sentí de nuevo el viejo Jerry, con sus ambiciones de detective. ¡Bienvenido, Sherlock!

Acribillé a preguntas a Tila. Con algún titubeo me explicó que se había tratado de un trágico accidente: era una noche del mes de abril y el autobús regresaba de una excursión a San Marino. A bordo iban unas cuarenta personas: los muchachos de segundo A y B de la escuela de Ca'Desolo de Arriba, dos profesores y el conductor. Debía ser algo más de las diez cuando estalló una tempestad tremenda: lluvia a cántaros, granizo y viento. El autocar derrapó en la curva poco antes del cementerio, se volcó y se precipitó al vacío por el barranco. Después estalló. No se salvó nadie. Desde aquella noche el precipicio tenía un nombre: «El barranco de los niños muertos».

—¿Y se hicieron las averiguaciones pertinentes? —pregunté yo arrugando la frente.

—Sí, claro. Hasta interrogaron a mi padre. Regresaba de una feria y poco antes había adelantado al autobús con su todoterreno.

—¿Tu padre vio el accidente?

Tila sacudió la cabeza.

—No, llegó a casa poco antes. Pero explicó que la carretera estaba totalmente inundada, y si a eso le añades el que el autocar tenía los neumáticos totalmente lisos...

—¡*Aquaplaning*, elemental! —concluí yo.

Todo el mundo sabe que cuando un coche está «navegando» por una carretera inundada, el conductor puede perder el control y suceder lo peor. En resumen: no había nada de misterioso en aquel accidente. Confieso que me quedé un poco desilusionado.

—¿Nada más? —insistí masticando una brizna de hierba.

Tila empezó a estirarse los tirantes de su peto. De improviso se puso seria.

—¡Ya te he dicho todo lo que sé! Y además...

—Además, ¿qué?

—¡Además, habíamos quedado en que, por hoy, no hablaríamos de apariciones!

¡Apariciones! ¿Qué tenían que ver ahora las apariciones? Tila empezó a rascar el pecho de Tumba, que estaba tendido sobre la hierba. Con aquella tripa hinchada y rosada, parecía una hucha; una hucha con forma de cerdo, claro.

—¿Qué historia es ésta? —insistí.

Tila se apretó el cuerpo con los brazos, como si tuviera un escalofrío. Después me lanzó una mirada seria, bajo sus cejas rojizas, y me dijo con voz grave:

—Las apariciones empezaron el día 28 de abril, el día después del accidente. ¡El día después de *su muerte!*

—Quieres decir que él... —balbuceé yo con voz temblorosa.

—¡Sí, estaba en aquel autobús. ¡Ángelo Casentin *murió carbonizado* en aquel accidente!

Apenas pronunció Tila el nombre funesto del pequeño inocente, cuando un alarido desgarrador cortó el aire, provocando un eco por todo el valle. Nos dimos la vuelta todos, Tumba también. Una figura horripilante, cubierta de harapos, avanzaba balanceándose de una manera terrible hacia nosotros. Tenía la cabeza como una calavera gris, los pómulos afilados y los ojos hundidos en las órbitas. Una mueca deforme le hacía mostrar unos dientes largos y amarillos, saliendo de una fisura torcida que poco o nada tenía que ver con una boca. Encima del cráneo, nada, ni un cabello, mientras que de la parte de la nuca salían unos mechones desagradables, ralos pero largos hasta la espalda. ¡Una visión infernal!

VIII

CALAVERA CON SORPRESA

—¡ÁNGEL DELANTE, DIABLO DETRÁS! —gritó el monstruo.

Tila puso sus brazos en jarras.

—¡Déjalo, Pasquino! Has asustado a mi amigo —dijo.

Entonces yo, que seguía paralizado por el terror, le dirigí una mirada de interrogación. Y ella, guiñándome un ojo, me susurró:

—Es Pasquino, el tonto del pueblo. No le hagas caso que si no tendremos para rato...

¿Hacerle caso? ¡Era lo último que hubiera hecho en este mundo! Aunque las palabras de Tila me habían tranquilizado, seguía evitando mirar a aquella especie de zombi, deseando que desapareciera lo antes posible de nuestra vista. Pero él, por el contrario, se acercaba aún más a nosotros, siempre balanceándose como un columpio enloquecido. Y, sollozando, gritó:

—Aparece delante, yo tengo las manos detrás, vivía solo delante, solo detrás. Ahora vivo delante y ¡él vive detrás!

Delante, detrás, delante, detrás..., repetía el eco. ¿Qué rábanos estaba delirando? Tila le puso una mano en el hombro y le sonrió. Un gesto admirable. Yo, antes que tenerle tan cerca, delante, habría besado con gusto a Tumba detrás. Por hablar como él...

Funcionó. El monstruo dejó enseguida de llorar y soltó una carcajada. Después se alejó agitando las manos.

—¡Adiós, muchachos, delante! ¡Ya nos veremos detrás!

—¡Saludos delante! ¡Recuerdos detrás! —le grité yo como respuesta.

Tila se enfadó.

—No debes burlarte de él. ¡Da tanta pena! Está mal de la cabeza y, además, solo en el mundo.

—¡Enfermo delante, solo en el mundo detrás! —dije yo.

Tila se puso a reír mientras rodaba por la hierba, y yo también. Nos desternillamos de risa un buen rato. Pero, después, ya serios, empecé a actuar como el detective que era.

—También él parecía conocer a Ángelo —dije un poco excitado. Me costaba mucho pronunciar aquel nombre.

—¿Quién no le conocía? En el fondo también él dice lo que dicen todos: era malo. Y sigue siéndolo aun después de muerto.

¡Así, pues, no me había engañado con respecto a su mirada maligna!

Le narré a Tila sus dos apariciones, la de la torre y la de mi habitación. Y como había decidido soltarlo todo, también le hablé de la voz misteriosa que aquella noche me había sugerido la solución para sacar a

Tumba de la fosa. Tila dijo que era extraño que se hubiera aparecido en mi habitación. Hasta ahora siempre lo hacía en el cementerio, inluso alguna vez cerca del bosque de abetos que estaba aproximadamente a dos kilómetros del camposanto. Pero nunca en casa de nadie.

—¿Y ese horrible espíritu de esta mañana, en la cocina del tío? —pregunté yo.

—Doblemente extraño. Cierto que Ángelo se le ha aparecido también a Ade, pero nunca en su casa.

Tila bajó la voz, mirando alrededor con cuidado. Después empezó a explicar todo lo que sabía acerca del nuestro espectro. ¡Nada de pequeño inocente! Si mi amiga no exageraba, el accidente del autocar, además de muchas vidas inocentes, había roto la prometedora carrera de un futuro criminal. Parece que al diabólico Ángelo le gustaba torturar a todos los animales que se le pusieran a tiro, atormentaba a viejos y a niños indefensos, robaba objetos y dinero a mansalva. El dinero le servía para los cigarrillos (a los trece años era ya un fumador empedernido) y para el billar. Pasaba más horas en la sala de recreativos que en la escuela, y muchas veces le habían sorprendido vaciando alguna máquina. Y, además, poco antes de morir, se le había visto en compañía de gente poco recomendable, alrededor de una mesa de póquer donde, según algunos, había perdido una suma considerable.

—¡Pues vaya precedentes! Molestias al prójimo, robos, juegos de azar... —dije yo.

—¡Ultraje a cadáveres...! —siguió Tila.

—¿Ultraje a cadáveres?

Tila tenía lágrimas en los ojos. Se sacó un pañuelo del bolsillo y se limpió la nariz. Después me contó que, justo una semana antes del fatídico accidente, su abuela había pasado a mejor vida. Su cuerpo estaba expuesto en la sala mortuoria del cementerio, con su mejor vestido y una diadema de oro en la cabeza. La misma abuela en su lecho de muerte había suplicado a sus familiares que la enterrasen con aquella diadema, que era un regalo que su marido le había hecho un año en que hubo una vendimia extraordinaria. En la escuela de Tila se había hablado mucho de aquella excentricidad y, al poo rato, Ángelo le había preguntado cuánto podía valer una alhaja como aquélla.

—Durante la noche del velatorio, la diadema desapareció —dijo Tila—, ¡y la frente de la abuela estaba llena de arañazos!

—¡O sea, que el ladrón tuvo prisa por apoderarse del botín! —deduje yo.

—Pero no le salió bien. Una anciana, amiga de la abuela, Diletta Andrei, se presentó en la policía confesando que había visto al ladrón escapando por la mañana de la cámara mortuoria, justo cuando ella iba a ponerle una corona de flores a la abuela.

—¡Ángelo! —grité.

—Sí, y con sus precedentes el testimonio de Diletta fue crucial. Naturalmente los padres de Ángelo no lo creyeron nunca, y por eso quisieron proclamar su inocencia en la inscripción de la tumba.

—¡Pequeño inocente! —grité otra vez.

—Pequeño sinvergüenza, dirás. Ya te conté que tengo una cuenta pendiente con él.

Ángelo era el fantasma que Tila había seguido la noche anterior. Se le había aparecido en la verja del cementerio cuando volvía a casa con Tumba (el cerdito daba a aquella hora su último paseo higiénico). Estaba saliendo, pero en cuanto la vio se volvió, perdiéndose entre las tumbas.

—¡Extraño comportamiento para un espectro! —observé yo.

—Sabe que no le tengo miedo. Una persona como Ángelo es mucho más peligrosa viva que muerta...

—Entonces, ¿qué quieres de él?

—La diadema. No la encontraron. No me importa lo que vale, pero era de mi abuela y quiero saber dónde la escondió.

Tila enmudeció. Tendida en la hierba se puso a dibujar con el dedo monigotes en el cielo. Debía querer mucho a su abuela que ya hacía más de un año que había fallecido. Me avergoncé de mí mismo: mis abuelos aún estaban frescos en la sepultura (si se podía decir así) y yo no pensaba jamás en ellos. Si el pequeño inocente les hubiera robado las tarjetas de crédito, cheques o libretas de ahorro, me habría importado tres pepinos y ¡tan tranquilo!

Pero es evidente que en el dolor no se manda, y tampoco en el estómago, que en aquel momento me hacía más ruido que una olla a presión. Era la hora de regresar al cementerio para comer en la cámara mortuoria. ¡Sólo deseaba no encontrar huesos en el pollo de los emparedados!

Tila tenía razón: no había nada de extraño en comer en la cámara mortuoria (por lo menos para un sepulturero). Por otra parte, estaba tan metido en la rueda de mis pensamientos y en los nuevos sucesos que había conocido, que no hice mucho caso de la decoración de aquel comedor.

Tenía ganas de hacerle algunas preguntas al tío.

—¡Ejem... tío! —dije, desdoblando en mis rodillas una servilleta de papel—. ¿Qué sabes del accidente del autobús del colegio?

Él se puso serio.

—¡Vaya, ya has iniciado tus investigaciones! —dijo con sequedad. Pero enseguida siguió hablando—: Ya le dije a la policía lo que sabía, o sea: nada. Nada, nada, nada. Estaba en la cama durmiendo como un saco, cuando sucedió.

—¡Bueno, eso es por lo menos lo que les dijiste!

—¡Ya! —gritó casi con furia—. ¿Querías que les explicara *el resto*? ¡Me habrían tomado por loco!

La conversación se hacía interesante. El tío había hablado espontáneamente sin que yo le hubiera atosigado con más preguntas.

—Es verdad. También le vi yo ayer en la torre —admitió tirando con rabia sobre sus rodillas el emparedado—, pero no te quería asustar. De vez en cuando aparece sin más. Todo lo que te puedo decir es que espero estar ya muerto cuando llegue el momento de su exhumación.

El tío hablaba excitado. Era fácil darse cuenta de que tenía los nervios a flor de piel. ¿No resultaba extraño que él, el guardián de tumbas fuerte como una roca, estuviera aterrorizado por un fantasma? ¡Pues era así! Tanto que, después de las primeras apariciones, había estado a punto de contactar con un sacerdote para organizar un exorcismo sobre la tumba del pequeño inocente. Estaba convencido de que el chico no encontraría la paz en el más allá por culpa de las maldades que había cometido, que el diablo le había condenado a vagar inquieto por el cementerio, cerca de sus restos mortales. Pero los padres de Ángelo habían prohibido el exorcismo, acusándole de difamar su memoria con aquellas tontas supersticiones. A ellos nunca se les había aparecido el espectro.

Después de comer, el tío me llevó a ver las tumbas de los niños del autobús. Tres filas con lápidas y cruces, reunidas en una misma área de terreno, todas con una única fecha de muerte. Y algo separada, la tumba de Ángelo Casentin. Evité cuidadosamente dirigir una mirada a la fotografía. Lo que hice fue mirar el reloj, pues a las tres tenía una cita con Tila.

Confieso que se me hizo un nudo en la garganta cuando entré en la cocina de tío Ade. Todavía me parecía sentir sobre mí el influjo maléfico de aquel horrible espíritu infernal. Por suerte, Tila llegó enseguida.

—Quisiera que me enseñases exactamente dónde se te apareció Ángelo —me dijo enseguida a manera de saludo.

—Ya te lo he dicho, en la torre.

—No ¡la segunda vez, en tu habitación! —exclamó. Y, sin esperar respuesta, subió por la escalera con Tumba pegado a sus pies.

La seguí de mala gana.

—¿Dónde le viste exactamente? —preguntó Tila dispuesta a quitarme el oficio.

En principio me quedé callado. En realidad no lograba recordar nada, o quizá no quería hacerlo. Pero después tuve como un flas mental: ¡la imagen del espectro de pie, al lado del armario abierto!, que yo en realidad no había abierto desde el día anterior. En cuanto abrimos la puerta, Tumba empezó a babear por el suelo. Parecía que hubiera olido algo particularmente suculento. Mientras, nosotros comenzamos a revolver entre la ropa. Todo parecía normal.

Hasta que, de pronto, algo rodó por el suelo.

—¡Qué rábanos... Ahhh! —fue más o menos mi exclamación de horror.

En cuanto a Tila, se quedó con la boca abierta y la mano levantada, agarrada a mis pantalones de pana. Me refiero a mis pantalones colgados de una percha, naturalmente.

Nuestros ojos estaban clavados en las órbitas vacías de una horrible calavera amarillenta que nos sonreía burlona con una extraña mueca desdentada.

IX

OJOS EN LA OSCURIDAD

ANTES DE QUE NINGUNO de los dos pudiese darse cuenta verdaderamente de la situación, el cerdo perruno cogió la calavera entre sus patas y se puso a correr precipitadamente por la escalera hacia abajo.

Tila sólo pudo gritar:

—¡¡Tumba, no!!

El maldito perro había llegado a la puerta y había desaparecido entre las tumbas del cementerio.

—¡Ahora lo enterrará en cualquier parte, y si te he visto no me acuerdo! —suspiró Tila dejándose caer en una silla.

—Bueno, por lo menos tiene un buen futuro como sepulturero —grité yo. Perfecto, Sherlock, después de un susto morrocotudo has logrado decir algo chistoso, pensé.

Pero había algo que no funcionaba. El día anterior, al meter dentro del armario mis pocas cosas, lo había inspeccionado a fondo (deformación profesional) y estaba seguro de que no había dentro ningún cráneo. Así que sólo había podido meterlo el espectro, aprovechando mi providencial desmayo. ¿Pero eso qué significaba? Mi cerebro empezó a barajar hipótesis. Recordé haber leído que hubo fantasmas de decapitados que se aparecían con su calavera bajo el brazo.

—¿Te acuerdas si a Ángelo le faltaban dientes? —pregunté a Tila.

—Para nada. Tenía una estupenda sarta de dientes que destacaba mucho sobre su piel morena —contestó ella.

—¿Morena? ¡Pero si es pálido como un espectro! —objeté yo.

—Exacto. Moreno vivo y pálido muerto —contestó Tila.

El razonamiento no era lógico. Pero lo que más me chocaba era que Ángelo tuviera la dentadura completa. Había visto la calavera sólo unos instantes, pero lo que más me afectó es que le faltaban todos los dientes superiores. Los de abajo, por el contrario, estaban todos en su lugar.

—Entonces ese cráneo no podía ser el suyo —concluí.

Elemental. Ángelo no había sido decapitado. Pero fue Tila la que pensó en las cosas más obvias.

—Creo que ha sido sólo una amenaza —dijo.

—¿Y a quién quiere amenazar?

—A ti, naturalmente. ¡Tú duermes en esa habitación!

O sea, que el pequeño inocente quería darme un susto de muerte para desembarazarse de mí. No sabe que yo tengo la cabeza mucho más dura que la calavera que me ha metido en el armario.

Aquella noche tío Ade volvió a casa fuera de sí. Satanito había desaparecido de la pajarera, aunque el tío estaba seguro de que aquella misma mañana dormía pacíficamente junto con sus compañeros de flota. El tío temía que yo tuviera cartas en el asunto.

—Si has abierto la jaula por alguna curiosidad tuya, dímelo. Te prometo que no me enfadaré —me dijo después de cenar.

Yo le juré que ni siquiera había pasado por mi cabeza hacer algo así. Pero el tío no me creyó.

—He tenido un día muy duro. Uno de esos brutos de las pompas fúnebres me ha tirado un ataúd sobre el callo y me ha dejado medio cojo. Y ahora lo de Satanito... —aún gruñó algo más y se fue a la cama.

Yo seguí su ejemplo. Aunque mis callos gozaran de buena salud, también yo había tenido un día duro. Quizá por eso dormí como un tronco y me desperté ya de buena mañana.

Aunque me hubiese propuesto tener los ojos bien abiertos y analizar el más pequeño indicio, los días siguientes transcurrieron en el más completo relax. Tila y yo nos veíamos todos los días y pasábamos horas y horas paseando, hablando y comiendo helados. Tila sabía un montón de cosas sobre la vida en la montaña y me las mostraba con entusiasmo (ordeñar las vacas, recoger moras...). En compensación me sometía a un tercer grado sobre la vida de la ciudad: por ejemplo, ¿era verdad que de noche resultaba peligroso circular por las calles sin compañía y que los drogadictos podían atracarte y robarte? Dependía del punto de vista. A mí me parecía mucho más inofensivo un toxicómano ladrón que un espectro funesto que entra en tu habitación y esconde una calavera en tu armario. A pesar de lo que se suele decir, no es muy normal encontrar un esqueleto en el armario.

Tumba no había restituido la calavera. Probablemente la habría sepultado en algún lugar secreto, al que podría acudir gracias a su olfato. Sabido es que los cerdos son utilizados para buscar trufas porque tienen un olfato extremadamente refinado.

El fantasma del pequeño inocente no había vuelto a aparecer. Quizá se había tomado algunos días de descanso. El hecho era que yo casi había logrado olvidarlo y, hablando por teléfono con mis padres, les había asegurado que me estaba divirtiendo. Lo admito: aquellas vacaciones de tan trágico comienzo empezaban a gustarme. El lugar era el que era, pero estaba Tila, y Tila... En fin, que empezaba a gustarme también ella.

Bueno, me habría dejado torturar antes que confesar a nadie que me estaba embobando por una especie de Pippi Calzaslargas versión moderna (es decir, con corte tipo casquete en lugar de trenzas). Es verdad, Tila no era una gran belleza; pero tenía una fuerza extraordinaria y frente a esa fuerza todos sus defectos desaparecían. Si se exceptúa una especie de apéndice de cuatro patas, naturalmente.

Tío Ade, por su parte, seguía inmerso en su trajín diario: sepulturas, funerales, exhumaciones. ¡Ah!, y los murciélagos. Satanito no había regresado y el tío no recobraba la paz, aunque yo intentaba convencerle de que quizá hubiera muerto de viejo, o que hubiera tenido un percance y se hubiera caído en cualquier lugar. Pero eso no explicaba su desaparición de la jaula cerrada, decía el tío. Y si no hubiese tenido tanto trabajo, habría acudido a la policía para dar parte. Hasta que una mañana me anunció tío Ade que tenía una tregua en el trabajo y que quería invitar a cenar a Tila.

—Es una muchacha estupenda, si no fuese por el perrazo —me dijo.

—Completamente de acuerdo —respondí yo.

Dentro de mí, naturalmente, me auguraba que se tratase de una cena como Dios manda y no de un *picnic* en la sala mortuoria. Pero el tío no acababa nunca de sorprenderme y aquella tarde, hacia las seis, volvió a casa con dos bolsas cargadas de víveres. Empezó a picar, triturar, amasar, cortar y gratinar. A las ocho y media Tila y yo estábamos sentados alrededor de una mesa suntuosamente preparada, con un mantel blanco y lujosa cubertería de plata, pesadísima y adornada con extraños arabescos.

—¡Qué bonitos cubiertos! —exclamó Tila.

—Eran de la familia Foscari —explicó el tío sin inmutarse.

—¿Quieres decir de los de la tumba como un castillo? —pregunté yo dejando a medio comer un pedazo de pan.

—Sí. Qué locos, ¿verdad? ¡Hacerse enterrar junto con una cubertería de plata de doce servicios!

Tila y yo nos miramos turbados.

Pero el tío se encogió de hombros. En el fondo

aquella familia se había extinguido hacía ya muchos años y los cubiertos se estaban pudriendo en un nicho vacío. Y como no iban a salir nunca de su casa, tampoco saldrían nunca del cementerio.

Tío Ade acabó con la discusión diciendo que era la hora de liberar a sus murciélagos. Tila y yo seguimos hablando en voz baja durante un rato, porque el asunto de los cubiertos no nos acababa de convencer: a ella, porque decía que era un robo, y a mí, porque me hacía vomitar la idea de comer berenjenas a la parmesana con un tenedor del más allá. Para ser honestos, empecé a sospechar de los platos, aunque fueran esos tan típicos con un borde de color rojo que se compran en todos los supermercados.

Un cuarto de hora después, regresó el tío. Venía contento y casi lloraba de alegría.

—¡Venga, champán, pronto, tenemos algo que celebrar!

Salió y volvió con una botella polvorienta en la mano.

—¡De mi mejor reserva de la bodega! —dijo vocalizando mucho.

—Querrás decir de tu reserva *podrida* en la *cripta* —balbuceé bajito a Tila.

Lo cierto es que yo ya miraba con desconfianza cualquier cosa que circulara por la casa. Pero el tío me quitó los malos pensamientos cuando explicó lo que celebrábamos: ¡Satanito había vuelto!

Sin embargo, después del primer sorbo de champán, se puso serio y dijo:

—No sé quién pudo haberle hecho una broma de tan mal gusto, pero os juro que si lo encuentro...

Pregunté enseguida de qué broma estaba hablando. Y nos enteramos de que al pobre Satanito lo había encontrado con las alas enredadas en un matorral cerca de la jaula. ¡Estaba bastante mal y apenas podía moverse, pues se encontraba atrapado en un gurruño de crines de caballo!

—¿Crines de caballo? —repetí yo sorprendido.

—Sí, alguien le ha pegado crines de caballo a las alas. Crines larguísimas, anudadas entre sí. Se las he sacado todas, mirad...

Y diciendo esto el tío se puso la mano en el bolsillo y sacó unos extraños pelos negros que recordaban... Tila y yo nos miramos y nos entendimos perfectamente.

Después de cenar tuvimos consejo secreto en mi habitación.

—O sea —dijo Tila dejándose caer en la butaca de Jack el Destripador—... El espíritu infernal no era otro que Satanito con peluca especial para una buena representación.

—Elemental, querido Watson. El espectro ha subestimado al tío, que conoce a sus murciélagos mejor que a los dedos de su mano...

Así, con un palillo entre los dientes (a falta de la pipa ritual), reconstruí la mecánica de la aparición. Estaba claro que nuestro espectro se había encaramado sobre el techo de la casa (provocando extraños ruidos) y había dejado caer a Satanito por el tubo de la chimenea (así se explicaba la nube de hollín negro). Satanito, con el infalible sentido de orientación de que están dotados todos los murciélagos, supo encontrar enseguida una salida escapando por la ventana abierta.

—El espectro me huele cada vez peor —concluí al final de mis explicaciones—, ¡y no por su estado de descomposición sino por lo sospechoso que es!

—Si pudiéramos agarrarlo... —replicó Tila.

—Mientras tanto, lo mejor es indagar. Verás como antes o después lo pescaremos, ¡cueste lo que cueste! —sentencié yo.

En aquel momento la luz de un relámpago veraniego iluminó el cielo nocturno. Instintivamente Tila y yo nos volvimos hacia la ventana. Cuando nos llegó el retumbar del trueno, vislumbramos una cara horrible aplastada contra el cristal. Dos ojos malignos, oscuros como pozos sin fondo, nos espiaban inmóviles. ¡Sus ojos!

X

SHERLOCK INDAGA

LO CONFIESO, me porté como un idiota... y, además, como un idiota cobarde. Pero vosotros no visteis aquella cara, aquellos ojos, y no podéis entender el pánico que una visión de esa clase puede desencadenar en una noche que amenaza tormenta. Daos cuenta de que desde la última aparición yo ya había progresado algo, en el sentido de que por lo menos no caí desmayado en el suelo.

Ahora bien (me avergüenzo de decirlo), lo cierto es que me tiré en plancha sobre la butaca de Jack, agarrándome a Tila como un loco. Esta vez no me contenté con cogerle la mano. Prácticamente le di un, ejem..., abrazo, que parecía el blindaje de un adversario en un partido de *rugby*. Tila empezó a gritar:

—¡Déjame, déjame! ¡Está allí y lo tengo que agarrar!

Yo no entendía nada y seguía escondiendo mi cabeza entre sus brazos, empujándola con fuerza contra el sillón. Bueno, en aquel momento descubrí que su fuerza física no estaba nada mal. Después de algunos instantes de resistencia, me pegó un puntapié poderoso en el bajo vientre (universal método de defensa de las mujeres atacadas por los hombres), que me hizo lamentar el haber nacido (hombre, se entiende). O sea, que se liberó de mí con un empujón mortal, mandándome contra las barras de hierro de la cama. Me encontré completamente aturdido, con una mano dentro del orinal y la otra apretando al oso sin ojos que había utilizado como escudo protector de la parte dolorida.

Tila, mientras, había salido a la terraza como una furia, gritando palabrotas sin parar. Confiaba en que las dirigía contra el espectro y no contra mí.

—¡Estupendo, Jerry! —gritó en cuanto entró en la habitación saltando por la ventana—. ¡Se ha escapado se ha escapado!

—¡Oh, perro mundo, perro mundo! —dije yo con un gemido. Cierta parte aún me dolía espantosamente.

Tila dio una patada contra el armario.

—¡Lo cogeremos, cueste lo que cueste! —gritó furibunda—. ¡Señor detective de pega!

Y sin despedirse ni desearme buenas noches, se catapultó por las escaleras hacia abajo. Poco después, me desvestí como un autómata y me acosté. Estuve bastante tiempo despierto bajo las sábanas, y francamente no era por miedo. No pensaba para nada en las apariciones. Pensaba sólo en Tila y en que quizá ya no querría ser amiga mía. Incluso, me entraron ganas de llorar... Aunque, ¡eso es normal después de haber recibido una patada en... ese sitio!

Al día siguiente estaba enfadado conmigo mismo. Así que me di un discursito frente al espejo. Quitando algunas palabras irrepetibles, las cosas más importantes que me dije fueron las siguientes: primera, que debía dejar de tener ataques de pánico; segunda, que debía procurar por todos los medios resolver el caso del pequeño inocente; tercera, que si no lograba ninguna de estas dos cosas, merecería ser expulsado del registro de detectives. Es verdad que mi nombre no figuraba para nada en ese registro, pero sólo porque era menor de edad. Por otra parte, si lograba resolver este caso, quizá pudieran hacer una excepción conmigo e inscribirme como *honoris causa*.

Queriendo poner en práctica mis buenos propósitos, salí de casa al amanecer con mi equipo de pequeño detective. Con el aire helado de la mañana, me encaminé a paso ligero por el camino del cementerio, como un empleado que se dirige a su trabajo. Aunque, teniendo en cuenta dónde me hallaba, como un empleado de pompas fúnebres.

Cuando llegué a la cancela, se me ocurrió una idea y me volví. Como tenía intención, en primer lugar, de buscar a Tila para pedirle disculpas por mi estúpido comportamiento de la noche anterior, pensé que sería bonito llevarle unas flores. Además había muchas por allí... ¿Por qué no aprovecharlas? Así que corrí hacia la cámara mortuoria y saqué una docena de claveles rojos de una corona abandonada sobre un catafalco. Hice un bonito ramo, poniendo en medio un crisantemo amarillo que encontré en el suelo cerca del osario. Resultó un gracioso *bouquet*. A veces un camposanto ofrece soluciones inesperadas.

En la hacienda de la Uva Negra aún dormían todos. Me refiero a los seres humanos, pues hay ciertos seres mitad perro mitad cerdo que nunca encuentran reposo. Tumba vino enseguida a mi encuentro, ladrando como un loco. De ese modo logró despertar a su dueña, que se asomó a la ventana para curiosear. Tila se apoyó en el alféizar con los ojos hinchados por el sueño y un mechón de cabellos tiesos sobre su cabeza. Cuando la vi, mi corazón dio un extraño salto en mi pecho.

—Jerry, ¿qué haces aquí a estas horas? —preguntó asombrada.

—¿Podrías dejar entrar a un detective maltrecho y mañanero? Tengo urgente necesidad de hablar contigo.

Tila desapareció de la ventana para aparecer un instante después en la puerta, invitándome a entrar con una sonrisa luminosa. Yo le di el ramo de flores, balbuceando:

—Perdona por lo de ayer tarde, pero...

—Ya lo sé, ya lo sé, ¡te lo estabas haciendo encima...!

Rompimos a reír como locos. Después, Tila me pidió que le enseñara mi equipo. Abrí el maletín sacando de él todo mi instrumental: los dos *walkie-talkies*, una lupa, un cuaderno, una linterna eléctrica (que Tila ya conocía), la pequeña *polaroid* y, finalmente, la grabadora microscópica camuflada en un estuche para pañuelos.

—Tengo intención de empezar hoy mismo las investigaciones —le anuncié cerrando el maletín.

—¿Y por dónde? —preguntó Tila con curiosidad.

—Por la familia Casentin. ¡Hoy mismo iré a verlos!

Así elaboramos un plan. Antes me informé sobre los padres de Ángelo. Tila me explicó que él era representante de maquinaria agrícola y estaba a menudo de viaje, mientras que ella trabajaba en casa como modista. Con mi ingenio peculiar encontré enseguida un sistema para entrar legítimamente en aquella casa. Simularía una caída con la consiguiente rotura de mis pantalones. Después, llamaría a casa de los Casentin, rogando a la madre de Ángelo que me los arrreglase mientras yo esperaba. Iría solo, ya que a Tila la conocían por culpa de la famosa diadema de su abuela.

—¡Qué buena idea! ¡Te prepararemos para la fiesta! —y, diciendo esto, Tila cogió un puñado de tierra del jardín y lo frotó por mi camiseta y mis vaqueros. Después, con unas tijeras cortó mis pantalones a la altura de las rodillas.

Yo aporté mi granito de arena, cortando también la parte alta de los pantalones para que se me vieran los calzoncillos. Elemental: ningún chico de trece años se haría arreglar los vaqueros por dos rotos en las rodillas.

—¡Buena suerte, Sherlock! —me deseó Tila desde la puerta—. ¡Y gracias por tus bellísimas flores!

Yo salí corriendo, con el corazón que me latía fuerte en el pecho. ¡Tila seguía siendo mi amiga!

El plan funcionó. La señora Pina Casentin, madre de Ángelo, me hizo entrar en el probador. Era una mujer alta y delgada, con los cabellos negros y brillantes como su hijo. Pero sus ojos reflejaban simpatía, y no maldad. Después de haber examinado mis vaqueros me preguntó:

—¿Y qué has hecho para destrozarlos así?

—Pues llevaba las zapatillas desatadas, he tropezado y he salido rodando por una pendiente.

La señora Pina sacudió la cabeza sonriendo. Entonces me di cuenta de que llevaba un pendiente en la oreja izquierda: unas tijeras de oro. Ella notó mi mirada.

—¿Bonito, verdad? Es un premio que gané en un concurso de modistas... En realidad, eran dos, pero el otro por desgracia lo perdí.

Se quedó un momento pensativa, después empezó a hablar de nuevo. Me dijo que para reparar los vaqueros necesitaba bastante tiempo, y como estaba esperando a un cliente, tendría que pasar a recogerlos dentro de unos días.

—¿Y cómo vuelvo a casa? ¿En calzoncillos? —pregunté.

—Ponte unos pantalones de mi hijo. Él ya no está.

Los ojos se le llenaron de lagrimas. Después añadió que Ángelo, su hijo, había muerto en un accidente el año anterior. Entonces me acompañó a su habitación. Aún estaba todo como él lo había dejado, dijo, y en el armario seguía colgada toda su ropa. En aquel momento sonó el timbre y la señora Pina me dejó solo en la habitación, diciendo que podía elegir los pantalones que quisiera.

«¡Mecachis!, estoy en la habitación del pequeño inocente», me dije alarmado.

Sin embargo, todo en aquella habitación era normal. Se trataba del típico cuarto de un muchacho de mi edad: pósters (todos de caballos), escritorio, ordenador, estanterías con libros y cómics. El pequeño inocente adoraba los cuentos de terror y tenía montones. También tenía muchos en su mesilla de noche. El primero del montón, aún con el separador puesto, se titulaba «Retorno de ultratumba». Lo metí rápido en mi maletín, proponiéndome darle una mirada en cuanto pudiera.

Después abrí el armario y cogí unos vaqueros. Mientras me los ponía, pensaba en la figura delgada del espectro y me decía: «Me estarán treinta veces grandes». Pero, cosa rara, me sentaban que ni pintados. Pensé entonces que debían de ser de bastante antes de su muerte, y me probé otros pares. Todos me estaban bien.

Antes de salir de la habitación, hice un par de fotografías con la *polaroid.*

Cuando regresé al probador llevando puestos los pantalones del pequeño inocente, la señora Pina exclamó conmovida:

—¡Oh, te están estupendos! ¡Qué impresión! Me parece ver de nuevo a Ángelo.

Una grave ofensa para mí, pero disimulé porque entendí su emoción: aquella pobre señora esperaba «reencontrar» a su hijo en cualquier chico de su edad. Incluso me dijo que, cuando fuera a recoger mis pantalones, podía quedarme a hacerle un rato de compañía, que me prepararía una taza de té. Acepté contento, pensando que a lo mejor entonces podría hallar algún indicio. A veces, nosotros, los detectives, tenemos un corazón de piedra.

En casa me esperaban novedades. El tío Ade estaba enfadadísimo porque con el temporal de la noche anterior se le había inundado la cocina. Alguien había retirado las tejas del techo, y no podía ser ni un pájaro ni un gato. Tío Ade me miró con sospecha. Yo naturalmente sabía quién era el culpable, pero callé como una tumba (como se debe hacer con un sepulturero). Entonces el tío gritó:

—No entiendo lo que pasa desde que llegaste tú. Ocurren cosas extrañísimas. Primero, el asunto de Satanito, que me va a costar olvidarlo, fíjate. Después, alguien estropea el techo, y, para colmo, lo del cráneo desaparecido.

—¿Qué cráneo? —pregunté azorado.

—¡La calavera de mi amigo Risa de Oro!

XI

LA CUEVA DE LA BRUJA

—¿Y QUIÉN RÁBANOS ES RISA DE ORO? —pregunté cayendo de las nubes.

Tío Ade me respondió resoplando:

—¡Un amigo mío que ahora ha perdido su cráneo!

¿Había perdido el *cráneo*? ¡Yo creía que lo máximo que se podía perder era la cabeza!

—¡Bueno, tío, explícate!

El tío Ade se rascó la cabeza, quizá para asegurarse de que al menos su cráneo estaba en su sitio. Después explicó que unos diez días antes había exhumado el cadáver de un viejo amigo suyo, al que todos en el pueblo llamaban Risa de Oro, ya que por lo visto tenía todos los dientes de arriba recubiertos de ese metal.

—¿Y los de abajo? —pregunté.

—¿Quieres decir los de la mandíbula inferior? No, extrañamente esos los conservaba todos.

A mí se me encendió una bombilla en la cabeza. El tío continuó contando que aquella mañana debía colocar en el osario la urna con los huesos de Risa de Oro. Sólo que cuando la urna fue abierta para un último control antes de ser definitivamente sellada, se comprobó que faltaba el cráneo. Los parientes del muerto acusaron al tío de haberlo robado para quitarle las fundas de oro.

Entonces se me encendió otra bombilla.

El tío resopló de nuevo, y se disponía a marcharse ya. Pero yo le frené a tiempo, pues hacía días que quería hacerle una pregunta que me interesaba. Precisamente ésta:

—¿Cómo se sube a la torre del mausoleo de los Foscari?

El tío me contestó que si quería hacer una visita a la tumba, me acompañaría con agrado. Pero que no me hiciera ilusiones, pues la cubertería se había acabado. ¡Ja, ja, ja! Finalmente me dijo que sólo se podía subir desde el interior, suponiendo que se tuviera la llave de la puerta. Y la llave la tenía sólo él.

Aquella tarde Tila y yo habíamos tenido una reunión extraordinaria en el huerto de detrás de su casa. Yo, desde luego, lejos del cementerio, me sentía más seguro para discutir ciertas cosas.

Primero, le expliqué mi visita a la señora Casentin, y aproveché para hacerle una pregunta:

—¿Cómo era Ángelo de alto?

—Más o menos como tú, creo.

—Es que sus pantalones me están perfectamente. ¡Pero es extraño porque, cuando apareció en mi habitación, parecía por lo menos seis o siete centímetros más alto que yo!

Tila me dijo que oyó un día en la televisión (en

un programa de parapsicología que se titulaba: «Misterios misteriosos: misticismo y mistificación») que los fantasmas de las almas felices eran siempre altísimos.

—Elemental: estando en el cielo... —repliqué—. Sólo que ¡este fantasma más bien es de un alma maldita!

Por eso la explicación debía ser, a la fuerza, otra. Después conté a Tila lo del cráneo de Risa de Oro, que era sin ninguna duda el que se encontraba en mi armario. Y como tenía la mandíbula superior completamente desdentada, estaba bien claro que el espectro le había hecho una bonita labor de dentista.

—¿Piensas que ese oro lo podría revender en el infierno? —preguntó Tila escéptica.

—¡Pienso que hay vicios que están tan aferrados, que uno se los puede llevar hasta la tumba!

En aquel momento sentimos un ruido a nuestra espalda. Después, un ladrido que venía de un vecino huerto plantado de lechugas. Era Tumba, que reclamaba su paseo. Aquel extraño ser reunía en sí todo lo peor de los perros y de los cerdos, porque una ventaja no desdeñable de los cerdos es que no es necesario llevarlos de paseo. Sus necesidades las hacen en un montón de barro por el que luego se refocilan alegremente.

Así que Tila tuvo que coger la correa del perro y yo, mi equipo de detective. De golpe me vino una idea y le dije:

—Hace tiempo me explicaste que Ángelo se aparecía también cerca de un bosque, a dos kilómetros del camposanto...

—¡Sí, en el abetal! —exclamó Tila.

—¿Por qué no vamos ahora? ¡Podríamos hacer una exploración!

Tila dijo que por ella, estupendo, pero con la condición de que yo no me asustase. El bosque de abetos era una lugar tan siniestro que toda la gente del pueblo procuraba evitarlo. Había un montón de leyendas sobre él. Se decía que estaba habitado por malos espíritus y que ciertas noches mágicas las brujas bailaban con el demonio. Y, además, era muy fácil perderse ya que los árboles eran muy espesos y el paisaje, siempre el mismo.

—¡No nos perderemos! —dije yo—. ¡Porque usaremos esto!

Abrí mi maletín y saqué los *walkie-talkies:* en caso de que tuviéramos que separarnos por cualquier motivo, estaríamos en contacto por radio.

Nos encaminamos hacia allí, bajo la canícula del mediodía, en medio de un sonoro concierto de cigarras. La tormenta nocturna había provocado un ligero enfriamiento del ambiente, pero ahora el calor había empezado de nuevo y el sol brillaba alto en el cielo. Del bochorno que hacía, yo notaba mis piernas flojas como si fueran de algodón. Por eso no me desagradaba descansar cada cinco minutos, todas las veces que el perro-cerdo regaba algún árbol. Al pasar frente al cementerio, Tumba se paró en su puerta y, antes de que Tila pudiese evitarlo, lo hizo sobre una fosa. Tío Ade lo vio desde lejos y se puso a gritar como un poseso. Tuvimos que huir, ¡poniendo pies en polvorosa!

Después de unos tres cuartos de hora de camino,

llegamos al abetal. Era un sitio extraño. Ya en el borde de la vereda, los árboles formaban una barrera casi impenetrable, más allá de la cual empezaba una misteriosa oscuridad.

Yo estaba rumiando la última trastada de Tumba y le dije a Tila lo que pensaba:

—Creo que deberías castigarle como se merece cuando hace esas cosas.

—¿Cómo?

—¡Lo agarras y le azotas su gordo trasero! —grité muy a gusto.

¡Cielos! Tila perdió la luz del intelecto. Se puso a gritar que yo era un sádico, un malvado y un perverso. Estaba en el camino del mal: se empezaba con torturar a los animales y se acababa con ultrajar los cadáveres. ¿Entendía lo que me decía? ¡Perro mundo, ya lo creo que la entendía!

—¡Y no digas nunca más «perro mundo», ni «perro inmundo», ni nada por el estilo —gritó finalmente.

Después se volvió de espaldas y se marchó sola hacia el interior del bosque.

—¡Espera! —la llamé yo.

—¡No, no te espero! ¡Si Tumba te molesta tanto, vete a paseo solo, *sin nosotros*!

Y su casquete de cabellos rojos fue tragado por la oscuridad.

¡Bueno, me lo había ganado! Y ¿qué rábanos hacía yo ahora en aquel lugar? ¿Y solo? Pensé volver hacia atrás a la chita callando. Pero habría hecho por enésima vez el papel del cobarde. Así que entré en el bosque.

Era extraño encontrarse de improviso dentro de aquella sombra perenne. Igual que si alguien le hubiera dado a un interruptor para apagar el brillante sol de hacía un momento. Pero también resultaba agradable andar por aquel frescor, después del tremendo bochorno. Poco a poco, noté que el sudor se me estaba enfriando encima, y al cabo de un cuarto de hora de camino ya tenía escalofríos por todo el cuerpo.

Estuve buscando un rato a Tila, pero tanto ella como Tumba habían desaparecido sin dejar rastro. Bueno, Tumba seguramente sí había dejado rastros, y bastantes, sólo que yo no tenía el olfato de un sabueso para seguir una pista sembrada de meadas de perro. Además, no había descubierto nada interesante, aparte un tronco vacío que debía ser un nido de ardillas. Así que decidí volver hacia atrás.

Apenas me había puesto en marcha, escuché un relincho lejano. Me volví y pude entrever entre el espesor de los árboles la figura no muy distante de un caballo negro, que pacía delante de una especie de barraca medio derrumbada. Me acerqué con curiosidad escondiéndome entre las matas. La barraca era gris, con pequeñas ventanas redondas que me recordaban los ojos de buey de las naves. Las persianas se caían a pedazos y la pintura había sido devorada por una capa de musgo húmedo. La puerta estaba podrida. ¡Parecía la cueva de una bruja!

Con cautela saqué la pequeña *polaroid* con la intención de hacer una fotografía a aquella casa fantasmal, pero mientras disparaba la máquina oí un terrible grito que salía del interior. Después, una voz suplicó:

—¿Por qué me atormentas?

Un escalofrío helado me bajó por la espalda. Mirando alrededor con cuidado, reemprendí el camino de vuelta, pero el problema era que no había camino alguno. Con angustia empecé a correr en una dirección cualquiera. El hecho es que poco después me encontré de nuevo delante de la horrible barraca. ¡Había corrido en círculo sin darme cuenta!

El pánico se había apoderado de mí. Empecé a correr de nuevo, tropecé con una maldita raíz de árbol y me caí al suelo con un gran golpe. El caballo advirtió mi presencia y empezó a relinchar.

Me levanté con el corazón que explotaba en mi pecho. Y fue entonces cuando vi salir de la casa a una figura delgada, curvada, con una cara amenazadora. En la mano tenía algo que brillaba: ¡la hoja de un cuchillo! Dentro de poco llegaría hasta mí y entonces ¡adiós, Jerry, adiós, Sherlock!

XII

EN EL SEPULCRO DE LOS FOSCARI

AQUELLA TARDE en el bosque de abetos, creo que batí todos los récords de carrera de mi vida. Corría como un velocista, el maletín apretado entre mis brazos y la *polaroid* colgando de mi cuello. Pero no me atrevía a volverme, sabía que la bruja me seguía y ese pensamiento en la espesa y solitaria oscuridad del bosque me volvía loco. ¿Cuánto tiempo podría resistir aquel ritmo?

De golpe me encontré ante el árbol vacío. En un instante me encaramé en una de sus ramas más bajas y me metí dentro. Una ardilla furtiva salió y huyó deprisa con su cola ampulosa. Entonces tuve una idea: saqué de mi bolsillo el *walkie-talkie* y susurré:

—Jerry llama a Tila, Jerry llama a Tila, ¡socorro, emergencia!

Al cabo de un momento, que me pareció una eternidad, una vocecita me contestó:

—¡Aquí, Tila! Jerry, responde: ¿qué ha pasado?

Pero aquel no era ciertamente el momento de explicaciones: la bruja estaba ya cerca de mí y yo oía su respiración entrecortada como la de un animal herido. Era necesario actuar, así que murmuré a Tila lo que debía hacer dejando las explicaciones para más tarde. Suponiendo que *pudiera haber* un más tarde.

Cuando, espiando por un agujero del tronco, vi que la horrenda criatura daba la vuelta al árbol blandiendo el gran cuchillo, susurré en mi *walkie-talkie:*

—¡Ahora!

Y subí al máximo el volumen del receptor, acercándolo al agujero. En el bosque resonó una voz perentoria acompañada de un fuerte ladrido de perro:

¡Alto, policía! ¡Manos arriba, y tira el cuchillo!

La bruja tiró el arma sin dar ni un grito. Se dio la vuelta y, después de un momento de duda, echó a correr tan deprisa como pudo. En un instante desapareció entre los árboles.

Yo me quedé un rato en mi escondite, hablando por radio con mi salvadora. Tila había salido ya del bosque y, gracias a sus indicaciones, salí también yo. Cuando vi su cabeza roja en el borde del camino, corrí a su encuentro fuera de mí. Tumba me saltó encima moviendo su cola alegremente. Era la primera vez que también a él le veía con placer.

Ya de vuelta, conté a Tila mi terrible experiencia. Ella me escuchó atentamente y después me pidió que le describiera de nuevo la barraca de la bruja. ¡Ningún problema, le enseñé la fotografía! En cuanto la vio, exclamó:

—Lo que pensaba: ¡es la casa de Pasquino!

—¿Quién? ¿Ese tonto de delante, sonado de detrás? —pregunté yo.

—El mismo... Vive allí, pero por lo que yo sé no tiene ni un caballo ni una mujer bruja.

Tila me devolvió la fotografía y sólo entonces me di cuenta de que el caballo negro no tenía cola. Seguimos discutiendo y haciendo hipótesis sobre el tema, pero sin solucionar nada. De repente recordé que ni siquiera le había las gracias por haberme salvado.

—¡Te ha salido bordada la voz de la policía! —le dije—. Pero, ¿cómo has logrado que ladrara Tumba? Parecía un pastor alemán, ¿sabes? De los de la brigada antidroga...

Tila me sonrió ladeando la boca.

—Sencillo —me dijo—. Le he dado unos golpes en su gordo trasero...

En aquel momento la habría besado con ganas, pero no me atreví. En realidad los fantasmas no son los únicos que ponen a prueba mi valor...

Pasamos por donde estaba el campamento de los gitanos. Aquel día parecía más animado: en la explanada había una mesa preparada, alrededor de la cual corrían varios niños descalzos. Un hombre anciano, de piel oscura y curtida como el cuero, estaba asando salchichas en una barbacoa rudimentaria A su lado se sentaba Miriam, la gitana que habíamos encontrado al día siguiente de mi llegada a Ca'Desolo. En cuanto nos vio, nos hizo señal de que nos acercáramos. Tila sacó de su bolsillo una pequeña cartera y le dio dos billetes de mil liras.

—¡Gracias, gracias, Tila! —dijo la mujer cogiendo su mano izquierda—. ¿Quieres que te lea la mano? ¿Quieres consejos para tu futuro?

Pero ella sacudió la cabeza, y yo le susurré:

—¡Vivirás feliz como un pajarito, si te desprendes de tu perro cerdito!

Tila me dio un tremendo codazo en el estómago. La gitana seguía examinando su mano. Y de pronto dijo:

—¡Tienes alguien que te odia y alguien que te ama!

A mí se me escapó la risa y comenté:

—¡Qué descubrimiento! ¡Siempre hay alguien que nos ama y alguien que nos odia!

Pero Miriam me dirigió una mirada asesina.

—¡Aquel que te ama haría mejor en estar callado! —exclamó.

Es inútil que diga que me puse como un tomate. Bajé los ojos por la vergüenza y mi mirada se posó en el colgante de la cadena que llevaba al cuello la gitana. ¡Unas tijeritas de oro! Por eso, y por nada más, acepté la invitación de la gitana a sentarnos en su mesa. Tila, por otra parte, estaba ya sentada. Hablaba con Miriam de su hijo Diego, el que se había escapado de casa el año anterior.

—¿No tienes ninguna noticia? —preguntó.

Miriam movió la cabeza.

—Ahora ya sé que no le veré nunca más: lo he leído en las cartas. Pero en el fondo lo intuí enseguida, aquella triste noche en que descubrí que Diablo había escapado de su recinto. Él y Diablo eran inseparables.

—¿Diablo? —pregunté yo.

Tila me explicó:

—El purasangre de Diego, un bellísimo caballo negro.

El resto de la conversación se me escapó. Me parecía una extraña coincidencia haber visto poco antes un caballo negro y oír hablar después de otro caballo negro. ¿Era que en Ca'Desolo había un criadero de caballos?

Pero, más tarde, cuando nos hubimos despedido de Miriam, Tila me aseguró que Diablo era el único caballo de todo el pueblo. Y había desaparecido el año anterior.

Aquella noche, en mi habitación, sentado en el sillón de Jack, empecé a reordenar mis pensamientos sobre el caso del pequeño inocente. Observando las fotografías que había hecho aquel día, me fijé particularmente en la de la habitación de Ángelo: en la pared conté cinco carteles de caballos. Era la tercera vez, en aquel día, que los caballos entraban en juego.

Hice varias anotaciones en mi bloc de detective. Se trataba de una lista de palabras, aparentemente sin sentido, pero yo sentía que entre ellas había un nexo de unión que por el momento no encontraba. Escribí:

Últimos estudios sobre el caso «Pequeño inocente»
¿Crines de caballo?
Dientes de oro–calavera
Pósters de caballos–Ángelo
Pantalones talla pequeña–Ángelo
Tijeritas oro–señora Pina
Caballo negro (sin cola)–Pasquino
Tijeritas oro–Miriam
Caballo negro–Diego

De pronto se me encendió la acostumbrada bombilla en la cabeza. Crines de caballo, ¡no! ¡*Cola* de caballo! Ahora sabía quién había cortado la cola del caballo negro de la bruja. ¡Él, siempre él, el pequeño inocente! Y si mi acostumbrado olfato no me engañaba, esperaba que todas las demás palabras de la lista tuvieran también que ver con él. ¿De qué manera?, de momento no lo sabía. Pero era solamente cuestión de tiempo.

Unos días después, tío Ade me despertó de madrugada.

—Si quieres ver la tumba de los Foscari, ahora tengo tiempo —me dijo.

Yo escondí la cabeza bajo la almohada con un gruñido. Estaba soñando algo fantástico y el tío me había interrumpido en lo mejor; o sea, en el momento en que miraba los ojos de Tila y... pero ¿qué rábanos estoy diciendo? ¡No son asuntos vuestros!

El tío me sacudió otra vez, sin obtener de mí reacción alguna.

—Está bien, perezoso. Iré solo —murmuró.

Entonces salté de la cama como si me hubiera picado una tarántula.

—¡Espera, espera, tío! ¡También voy yo! —grité.

Y así, con los ojos aún pegados por el sueño, me vestí en un abrir y cerrar de ojos, sin tan siquiera lavarme. Tomé un tazón de leche caliente, y cogiendo mi inseparable maletín, seguí a mi tío hacia el camposanto.

Fuera se notaba una ligera brisa. El cielo tenía color rojo de fuego por el este y las lápidas y las cruces estaban cubiertas de gotas de rocío como si fueran perlas. Había una extraña luz y el cementerio parecía irreal.

Cuando llegamos al mausoleo-castillo, el tío metió en la cerradura de la puerta una gran llave de la que pendía una cinta de seda negra. La llave dio dos vueltas y la puerta se abrió lentamente mostrando una rendija de luz. Un olor a moho y a sótano me golpeó la nariz.

—¡Haz lo que quieras! —susurró mi tío—. ¡Como si estuvieras en tu casa!

Después soltó una de sus estruendosas carcajadas, una risa cavernosa que resonó de manera siniestra entre las brillantes paredes de mármol negro del mausoleo. Cuando dejó de reír, sacó de su bolsillo una cerilla con la que encendió las velas de tres candelabros de plata adornados con arabescos iguales a los de los cubiertos. Los candelabros estaban colocados en repisas de mármol junto a la entrada de la tumba. A su lado se encontraban las luces perpetuas de las que me había hablado una vez mi tío. Eran vulgares candelas rojas y su luz era bien poca cosa comparada con la de los candelabros.

A la luz de las velas, la oscura salita donde me encontraba se animó de extrañas sombras. Descubrí que en las paredes laterales estaban excavados varios nichos que contenían sarcófagos de mármol. Cada sarcófago estaba protegido por una pequeña cancela de hierro, con una inscripción en latín que indicaba el nombre de un miembro de la familia. Tío Ade restregó los nudillos de su mano sobre una cancela de la derecha.

—¿Ves? —dijo—. Aquí están los restos de Ambrosio Foscari, el patriarca de la familia. ¡Murió a los ciento diez años y enterró a todos sus descendientes!

—¿También era sepulturero? —pregunté yo.

—¡No, hombre! ¿Cómo se te ocurre? —se rió el tío—. Quiero decir que murió tan viejo que fue el último en entrar aquí.

El tío cogió un candelabro y subió por una escalera de caracol que estaba enfrente. Yo prefería disfrutar de las ventajas de la técnica moderna, así que encendí mi linterna eléctrica. La escalera conducía a la torre y poco después nos encontramos en la cima finalmente, al aire libre. El panorama era singular: el sol, aún bajo en el horizonte, coronaba un tapete verde oscuro punteado de cruces blancas, como un campo de cándidas margaritas. El tío suspiró.

—Era un buen hombre, el tal Ambrosio —dijo—, los cubiertos eran suyos.

A mí se me escapó la risa. Después bajé los ojos y vi una colilla en el suelo. Poco más que el filtro, que tenía un borde dorado. Extraña visión: el tío era el único que podía frecuentar la tumba y no fumaba. Es verdad que allí se me había aparecido por primera vez el espectro del pequeño inocente... Pero los espectros no tienen necesidad de suicidarse con el tabaco, porque están ya muertos. En cuanto el tío volvió la cabeza, cogí la colilla y me la metí en el bolsillo.

El tío Ade miró el reloj. Eran casi las seis, debía volver para echar una ojeada a la pajarera de los murciélagos. La flota, después de la restauración de carburante, debían de haber regresado a la base. Bajamos; yo dejé resbalar el haz luminoso de mi linterna por las paredes negras hasta pararme sobre el voluminoso vientre de la estatua de Ambrosio, esculpida en su sarcófago. ¡En vida debió ser un gran comilón! ¡Ja, ja, no está mal esto, Sherlock!

Curioso: la entrada ahora me parecía más oscura. Las luces perpetuas ardían como pequeñas luciérnagas en una noche sin luna, pero ¿dónde estaba la rendija de luz de la entrada?

—¡Eh!, ¿qué sucede? —gritó el tío—. ¡La puerta se ha cerrado!

Se me puso la piel de gallina.

—Bueno, habrá sido el viento —dije—. Ábrela desde dentro...

Se da el caso —respondió el tío— que los habitantes de esta casa no salen muy a menudo, lo que hace que sea innecesario el mecanismo de apertura desde dentro —el tío me revolvió el cabello, soltando una de sus notables carcajadas—. ¡No tengas miedo, Jerry! Con la llave se puede abrir también desde el interior.

Suspiré con alivio. El tío buscó en el bolsillo de su camisa. Después, en el bolsillo de sus pantalones, y la cara se le puso blanca como el requesón.

—Está puesta fuera. La llave está puesta en la cerradura por fuera —dijo con un hilo de voz—. ¡Estamos encerrados aquí dentro!

Encerrados en una sepultura en compañía de la familia Foscari. ¡Sepultados vivos junto con ellos!

XIII

DENTRO DEL COCHE FÚNEBRE

—SUBAMOS A LA TORRE y gritemos ¡socorro! —propuse.

Él se encogió de hombros.

—Es verdad, tarde o temprano alguien nos sacará de aquí. Pero más bien tarde que pronto: te olvidas de que son las seis de la mañana de un sábado y la gente normal a estas horas duerme a pierna suelta. Sin contar con que este sitio es el más apartado del cementerio.

—¡Tila, Tila dará la alarma! —dije yo animado.

¡Qué no habría dado yo por tener a Tila al lado en aquella situación!

Al momento, tío Ade y yo estábamos sentados en el suelo de la torre con una bandada de golondrinas que chillaban sobre nuestras cabezas. El tío estaba inmerso en sus pensamientos.

—Es extraño, ¡esta brisa tan ligera no tiene fuerza para cerrar una puerta de hierro como la de aquí!

¡Perro mundo! ¡Tenía razón! Pero yo no podía confiarle mis sospechas. Aunque, cuanto más reflexionaba, más se convertían en certidumbres. El pequeño inocente estaba haciendo de todo para asustarme de muerte y echarme de aquel sitio. Jamás en mi vida había odiado tanto a un fantasma.

Después de dos horas de interminable espera, mi cerebro empezó a funcionar. Debía encontrar yo solo una salida, no tenía ganas de perder todo el día en aquel condenado sepulcro. Así que me acerqué al borde de la torre y miré hacia abajo. La altura no era grande: más o menos, siete metros. Si hubiera podido encontrar el modo de...

Como un rayo salté al parapeto y bajé a una especie de alero circular.

—¿Qué estás haciendo? ¡Baja rápido de ahí! —gritó el tío alarmado.

—¡No te preocupes tío, soy campeón de escalada! —solté yo.

No sé cómo me vino a la mente una mentira de ese calibre, pero lo dije con tal desenvoltura que el tío evidentemente lo creyó y no protestó más.

Estuvo en todo momento observando mis intentos por encontrar salientes para poder bajar de la torre. Fue extraño, pero los encontré: la torre no era de mármol. Probablemente el señor Foscari, tan espléndido con el asunto de los cubiertos, quiso ahorrar dinero en los materiales de la tumba familiar. El caso es que los ladrillos de que estaba fabricada la torre del mausoleo, corroídos por la intemperie, tenían estupendos agujeros y salientes para mi descenso. El último tramo fue el más difícil: al acabarse los ladrillos, empezaba una pared de mármol pulido de unos dos metros y medio, pero afronté el salto final. El tío gritó:

—¡Cuidado! ¡Ya te he dicho que no quiero hacer trabajos extra!

Salí del apuro torciéndome sólo un tobillo. Efectivamente, la llave estaba puesta por fuera en la cerradura, y un instante después liberé al tío. Increíble pero cierto: cuando me vio en la puerta, me abrazó con fuerza. Incluso parecía conmovido cuando me dijo:

—¡Menos mal que eres campeón de escalada!

Aquella tarde, sentado bajo la pérgola de casa Lagrande, reviví mi aventura explicándosela a Tila con los más mínimos detalles. Mientras sorbía un granizado de menta, Tila no paraba de proferir exclamaciones de sorpresa. Tumba pasaba el rato martirizando a una pequeña lagartija que tenía prisionera entre sus patas.

También Tila estaba de acuerdo conmigo. El espectro había cerrado la puerta y dejado la llave puesta para que el tío creyera que había sido culpa del viento. Y también encontró muy raro lo de la colilla en la torre. Era verdad que en aquel programa de la tele habían descrito la aparición del fantasma de un abuelo con la pipa en la boca, pero más tarde la pipa había desaparecido con él.

—Elemental —intervine yo—, también la pipa era fantasma.

—Justo —dijo Tila que tenía entre sus manos la colilla de la torre—, mientras que esto no es en absoluto el fantasma de una colilla.

—Querido Watson, mas bien diría que es el *resto* de un cigarrillo.

Tila rió. Después hizo escupir la lagartija a Tumba, que estaba a punto de tragársela.

—¿Habías visto alguna vez un perro comiendo lagartijas? —dijo.

—¡De todos es sabido que los cerdos son omnívoros! —exclamé yo.

Esta vez Tila no se rió. Pero yo, antes de que pudiera intervenir en defensa de Tumba, la frené a tiempo comunicándole mi último y grandioso descubrimiento: el asunto del caballo sin cola. Había esperado a explicárselo para disfrutar mejor de mi triunfo. Y tuve razón: Tila incluso aplaudió cuando se lo dije y, como ya me había terminado mi granizado de guindas, me hizo probar una cucharadita del suyo *¡metiéndomelo en la boca!* ¿Sabéis? Como ese anuncio de televisión en el que ella se saca de la boca una cucharadita de pudín y lo aplasta en la boca de él mirándole de una manera...

Ese acto de Tila me produjo un escalofrío en la espalda que dejó en pañales al que había notado ante el espectro del pequeño inocente. A propósito de Ángelo: ahora sabía cómo había logrado entrar en la tumba de los Foscari. Simplemente había escalado la torre sirviéndose de los apoyos que había utilizado yo para bajar. En cuanto a la zona de mármol pulido (que yo al bajar había superado de un salto), ¡él la había subido tranquilamente peldaño a peldaño con la escalera del tío!

—He recordado —expliqué a Tila— que, después de la primera aparición en la torre, el tío encontró en el osario la escalera apoyada en el suelo, y él estaba seguro, y juraba y rejuraba, que el día anterior la había apoyado en la pared. Con las prisas de colocarla en su sitio, nuestro fantasma se distrajo un poco...

Tila se dio un puñetazo en la pierna.

—¡Es verdad! —gritó—. Yo sabía lo de la escalera. ¡Era suya la voz misteriosa que aquella noche nos sugirió ir a buscar la del osario!

¡Chica inteligente! Sherlock no podría razonar mejor. Tila tenía expresión reconcentrada.

—Pero —objetó—, no creo que los fantasmas tengan necesidad de escaleras. ¡Dijeron en televisión que podían volar y atravesar paredes.

—Sí. ¡Los fantasmas de primera! —repliqué yo.

Y de golpe tuve un *megaflás* en la cabeza, y en lugar de una bombilla se me encendió un reflector de 5000 vatios. La verdad es que me puse de pie como un rayo, pisando (sin querer) la cola de Tumba, que aulló como un desgraciado.

—¡Hijo de perra! —grité como un poseso.

Tila se tiró sobre mí con el dedo levantado.

—¡Sí, es hijo de una perra! ¡Pero tú déjalo en paz! —exclamó ella cogiendo en brazos a su adorado Tumba.

Mi amiga, como de costumbre no me había entendido, pero yo estaba demasiado excitado para hacerle caso.

—¡Hijo de perra! —repetí—. *¡Él no está muerto!*

Ante esas palabras, Tila soltó el perro sobre el empedrado, como un saco de basura que se echa en un contenedor (¡buen parangón!). El pobre animal soltó otro tremendo ladrido.

Tila se asió al respaldo de la silla, como si tuviera vértigo.

—Quieres decir... —balbuceó.

—Ángelo Casentin, el pequeño inocente ¡está aún vivo! —dije yo bajando la voz—. Y ahora sólo nos queda una cosa que hacer.

Una única y urgentísima cosa que hacer: hablar directamente con la última persona que le había visto o, mejor dicho, con la persona que había visto *su cuerpo* por última vez. Una persona que supiera distinguir bien un cadáver verdadero de un cadáver falso... ¿Quién, si no tío Ade?

Unos minutos después, entró en el cementerio de Ca'-Desolo un extraño trío. Lo formaban un muchacho excitado, que corría a todo correr con una especie de cartera en la mano; una muchachita pecosa, que si hubiera llevado medias de colores y trenzas habríais asegurado conocerla bien, y una cosa parecida a un bulto trotador, que encajaría tanto en una perrera como en una pocilga. Corrían al encuentro de un hombre, que con una pala al hombro frotaba un pañuelo de cuadros sobre su frente sudada. En cuanto el hombre vio al bulto, le dio un golpe con la pala y el mango acertó en su trasero.

—¡Fuera de mi cementerio! —gritó tío Ade.

Tila se dirigió al tío con voz suplicante.

—Ade, ¡te lo ruego! Yo lo vigilo...

—¡Ah! ¿Y quién vigila su... vejiga? —vociferó el tío.

Entonces intervine yo, por una vez a favor de Tumba. Al fin el tío cedió y Tila apretó mi mano con reconocimiento. Sentí una oleada de afecto hacia el perro cerdo, que por otra parte se me pasó medio segundo después.

Entonces me enfrenté a mi tío y le dije que debía hablarle confidencialmente, a poder ser en un lugar apartado del camposanto. Yo sabía que entre Ángelo Casentin y yo había una partida empezada, y en aquel cementerio él jugaba a su favor.

El tío replicó que hacía poco que había llegado un entierro y que los parientes le estaban dando el último adiós. Dentro de diez minutos, debía meter al muerto en la fosa.

—¡Con diez minutos tendremos bastante! —dije yo.

—No me has entendido —rezongó el tío—, no puedo alejarme de aquí. ¡Estoy de servicio!

Pero enseguida añadió que, pensándolo bien, sabía de un lugar apartado y además muy cerca: un habitáculo sólo para nosotros, con las paredes aisladas acústicamente. Entonces, sin esperar respuesta, se metió dentro de un coche fúnebre aparcado a algunos metros de donde estábamos, con el portaequipajes (o sea, el portaataúdes) abierto. Nosotros no pudimos hacer otra cosa que imitarle —un poco a regañadientes, claro—. Poco después nos encontrábamos los cuatro sentados (Tumba comprendido) donde minutos antes estaba colocado el féretro. El tío, golpeando con los nudillos la tapicería de raso del coche, dijo satisfecho:

—¿Qué os decía yo? ¡A prueba de oídos indiscretos!

Bueno, eso esperaba yo, pues las preguntas que debía hacerle eran *top-secret*. Primero, empecé preguntándole que si aquel fatal 27 de abril había visto los cuerpos de las pobres víctimas en el lugar del accidente, o sea, en el barranco de los niños muertos. Tío Ade respondió que sí, que un bombero prácticamente le había sacado de la cama, tanto es así que corrió al lugar del accidente, creyendo que se trataba de una pesadilla. Después, con los bomberos, los médicos de las ambulancias y los policías, había ayudado a recoger los restos de las pobres víctimas, que fueron depositados en la cámara mortuoria, a la espera de ser reconocidos por sus familiares.

—Una visión atroz, queridos niños —dijo moviendo la cabeza—. Los cuerpos estaban completamente carbonizados, las caras desfiguradas...

Tío Ade cerró los ojos bajando la cabeza. Tila cogió a Tumba entre sus brazos y le acarició la cabeza en silencio. No había visto nunca al tío así: debía haber sido para él realmente una experiencia espantosa.

—Entonces fue difícil reconocer a aquellos cuerpos —susurré yo.

Pero el tío sacudió su sudada cabeza. Dentro del coche fúnebre nos estábamos asando. El aire era compacto y pesado y olía a claveles mustios. Tío Ade empezó a hablar de nuevo.

—En fin, en conjunto no, porque había ciertas señales: la altura, el volumen corporal, algún trozo de tela de la ropa, objetos personales, mechones de cabellos... Y casi todos los padres pudieron reconocer a sus propios hijos.

En aquel momento solté mi pregunta clave.

—Tío —dije mirándole fijamente a los ojos—, ¿qué recuerdas del cuerpo de Ángelo Casentin?

El tío puso una mirada de terror. Estaba claro que pensaba en las apariciones. Tuve que preguntar por segunda vez. Entonces, tragó saliva y se pasó la mano por la cabeza.

—¡Este coche es un horno crematorio! —resopló—. ¡Será mejor que salgamos enseguida!

—¡Ángelo Casentin! —repetí con acento perentorio.

El tío empezó a abrir la boca como si tuviera dificultad para respirar. Su ancha cara estaba roja y brillante como una caldera de cobre.

—Sí, Ángelo... —balbuceó.

Cerró los ojos y cayó redondo a nuestros pies. Su cuerpo inmenso se plegó sin un gemido sobre el suelo del coche, aplastando a Tila y a mí contra la pared. Y yo, con el corazón que se me salía del cuerpo, no pude hacer otra cosa que pensar que aquel coche fúnebre sería demasiado pequeño para que cupiera el ataúd de tío Ade.

XIV

EN LAS GARRAS DE LA BRUJA

MIENTRAS ME PRECIPITABA a abrir las puertas del coche, Tila empezó a dar cachetes al tío, y Tumba, a lamerle con ahínco la mano.

—Ade, ¡despierta, despierta! —gritaba Tila.

Los ojos del tío seguían medio cerrados y parecían dos lunitas blancas, como los ojos de los gatos que duermen un sueño profundo. Entretanto, yo había abierto todas las ventanillas del coche, las puertas laterales y la del portaequipajes. Pero no sé si fue el aire fresco que entraba de fuera o el puñetazo que le dio Tila, lo que le hizo reaccionar al tío Ade de su desvanecimiento. El hecho fue que empezó a parpadear y, después, a murmurar algo acerca de un fuerte dolor en su nariz. Algo normal teniendo en cuenta el gancho de boxeador que le había soltado mi amiga.

—Un golpe de calor —susurró el tío.

—Querrás decir un derechazo —respondió Tila enseñando orgullosa el puño.

Aquella muchacha me sorprendía continuamente.

Por suerte, unos diez minutos después, el tío había logrado bajar por su propio pie del coche fúnebre. Si se hubiera tratado de un desmayo serio, habría sido necesario un escuadrón de bomberos para sacar su inmenso cuerpo del coche. Pero así no fue difícil sostenerlo (por una parte, yo, y Tila por la otra) y llevarle hasta casa, donde se bebió dos botellones de agua fresca y se puso una bandeja de cubitos de hielo en su pelada cabeza. Yo, tras aquella conmoción, me habría bebido con gusto el consabido doble whisky de los detectives, pero tuve que contentarme con un refresco helado.

Cuando estuvo completamente recuperado, el tío se excusó del incidente. Dijo que el calor era el peor enemigo de su salud y que, además, la «persona maléfica» que yo le había nombrado le traía siempre desgracia. Por ejemplo, tras su aparición en la torre del mausoleo de los Foscari, habían sucedido un montón de cosas desagradables: Satanito había desaparecido, y también el cráneo de Risa de Oro, y se había inundado la cocina. Todo, hechos, en efecto, relacionados con el pequeño inocente, aunque no de la manera que pensaba yo.

—El cuerpo de ese ser innombrable —dijo el tío, tocándose cierta parte para evitar la mala suerte—, lo recuerdo muy bien: lo velé yo mismo aquella noche en la cámara mortuoria...

—¿Cómo? ¿Por qué? —pregunté.

—Sus padres no se enteraron de la desgracia hasta la mañana siguiente. Él estaba en Milán por negocios y ella le había acompañado. Era el único cuerpo abandonado y me dio pena, a pesar de lo malo que había sido en vida.

El tío hizo unos cuernos con los dedos y los puso

sobre la herradura que tenía colgada en la pared junto al llavero. Y yo solté la pregunta decisiva:

—¿Pero estaba muerto de verdad?

El tío puso los ojos en blanco y por un momento temí que se desmayara de nuevo.

—¡Qué pregunta! —exclamó—. ¡Si hubieras visto cómo quedó! No tenía cara y, además, vi cómo el médico certificaba su muerte: lesiones traumáticas y quemaduras en el noventa por ciento...

Entonces, interrumpí su relato:

—¿Estás seguro de que aquél era el cuerpo de Án..., bueno, sí, *su cuerpo*?

—Seguro al mil por mil... Además, te diré que era uno de los más fácilmente reconocibles: su cuerpo, su estatura, los cabellos negrísimos... Bueno, los que le quedaban. Sus padres no tuvieron ninguna duda.

Pero yo debía tener una cara un poco escéptica, porque el tío empezó a hablar de nuevo: dijo que le había velado toda la noche, pues con el *shock* sufrido no había podido dormir. Y, tras el reconocimiento de los padres, él mismo había cerrado personalmente el féretro.

Dicho esto, tío Ade miró aterrorizado el reloj y echó a correr hacia la puerta. Se había retrasado tremendamente para el enterramiento, dijo. Y haciendo alguna señal más en contra de la mala suerte, desapareció entre las cruces del cementerio.

Unos días después, tal como había acordado, fui a buscar mis pantalones vaqueros a casa de la señora Casentin. Naturalmente llevaba conmigo las herramientas del oficio (léase: el equipo del pequeño detective). Me había propuesto usar la grabadora a la primera ocasión que se me brindara. Esta vez Tila tampoco pudo acompañarme.

La señora Pina se puso muy contenta al verme, y me trajo enseguida los pantalones, que habían quedado como nuevos. Luego, me hizo pasar al salón donde había preparado un té. Yo abrí el maletín. Me sentía un gusano. Pero pensé que en aquella situación cualquier detective, hasta el más desgraciado, habría actuado exactamente como yo. Así, fingí un catarro tremendo y saqué el portapañuelos... o sea, la grabadora. Y, mientras sacaba un pañuelo de papel, le di al botón de *play*.

Como había previsto, la señora empezó casi enseguida a hablarme de su hijo desaparecido. Pero, según sus palabras, el pequeño criminal era un ángel, no sólo por su nombre, sino por sus hechos: generoso, altruista, sincero... Oyéndola, uno rumiaba la posibilidad de proponerlo al Papa para un proceso de beatificación. Y como si me hubiera leído el pensamiento, la pobre mujer abrió un pequeño estuche dorado que tenía en sus rodillas y sacó de él una especie de estampa.

—¡Mira mi hijo! —dijo dándome la imagen—. La hicimos después de su muerte.

Era una fotografía de Ángelo vestido de Primera Comunión, con una amplia túnica blanca. Rodeando su cara perversa, había unas nubes azules. Y debajo de la foto, las mismas palabras que en su tumba, más una frase escrita con caracteres dorados: *¡Ángel del cielo, ruega por nosotros!*

Faltaba sólo una aureola encima de la capucha.

En resumen, me habría sido difícil reprimir la risa (o, por lo menos, una descarga de tacos y maldiciones), si en aquel momento la señora no hubiera sacado del estuche un reloj Rolex de oro.

—Éste es su último recuerdo —añadió emocionada—, el último. Lo tenía en su muñeca cuando lo encontramos.

—Quiere decir que estaba en la muñeca del cuerpo... —interrumpí, no atreviéndome a añadir nada más.

Por suerte, fue ella quien vino en mi ayuda.

—Sí, por este reloj le pudimos identificar. Era un regalo de cumpleaños de su padre.

—O sea —añadí impaciente—, que si no hubiese llevado este reloj, no habrían podido asegurar que...

—No. no... Por desgracia era mi Ángelo aquel pequeño cuerpo carbonizado. Reconocí sus cabellos, el chándal de *Adidas* que llevaba, la camiseta *Champion* y tenía una zapatilla *Nike Air* en su pie izquierdo...

—¿Y aquella mañana había salido vestido de esa manera para ir de excursión? —insistí. Era terrible, sabía que estaba removiendo con un cuchillo en una llaga, pero no podía hacer otra cosa. Creo haberlo dicho ya: trabajar de detective es algo para gente sin piedad.

La señora Pina se encogió de hombros.

—Exactamente no lo sé. Aquel día mi marido y yo estábamos fuera de la ciudad por trabajo. Pero te aseguro que era su ropa. De marca. Mi hijo quería siempre lo mejor.

El angelito del cielo evidentemente prefería, a las cosas del montón, ropa de marca y relojes costosos. Su madre no lo negó, añadiendo que la ropa y los caballos eran sus dos grandes pasiones.

—¿Los caballos? —pregunté yo.

—Sí. Ángelo frecuentaba el Club de Equitación de Ca'Desolo de Arriba y soñaba con tener un caballo, pero su padre no estaba de acuerdo.

La señora Casentin hizo una pausa, sirviéndome más té. Después dijo que Ángelo cobraba ya una buena paga, cuarenta mil liras al mes, y que su padre pensaba que, para comprarse un caballo, tendría que esperar a acabar el bachillerato. Bueno, no estaba mal. Yo para tener un caballo, con un padre como el mío, tendría que esperar por lo menos a la jubilación.

Cuando hacia las seis me despedí de la señora Pina, me sentía desilusionado y exaltado al mismo tiempo. Desilusionado, porque había aclarado que Ángelo estaba muerto y enterrado, y exaltado, porque con la historia del Club de Equitación tenía otra pista que seguir. En resumen, otro trabajo para Sherlock.

Al salir de la casa de los Casentin, tropecé con Pasquino. Esa vez aquel despojo de zombi no me impresionó tanto, aunque tuviera un aspecto peor que de costumbre. Para empezar iba de un lado a otro como si fuera una balsa sobre un mar en tempestad. ¡Y después llevaba una especie de saya o abrigo negro, largo hasta los pies, que le hacía parecer una bruja! Sí, estaba seguro, aquella era la saya de la bruja que me había perseguido en el abetal. Así que me acerqué a Pasquino de manera cordial.

—¡Hola por delante, buenas tardes por detrás! —le dije.

Pasquino me ofreció su sonrisa desencajada sin decir nada. Entonces yo le dije sin darle importancia:

—¡Bonito este abrigo! ¿Es tuyo?

—Mío por delante, suyo por detrás —respondió él.

Después dio un aullido bestial y se puso a gritar:

—¡Ángelo delante, el diablo detrás! ¡Aparece delante, yo tengo las manos detrás, vivía sólo delante y sólo detrás! ¡Ahora vivo delante y él vive detrás!

Y diciendo esto, se fue corriendo por la vereda hacia abajo y desapareció tras de una curva. Yo me quedé allí con mi portapañuelos en la mano, que no había tenido tiempo de volver a meter en el maletín.

Después de cenar, quería que Tila, que había venido para saber cómo me había ido la visita a la madre de Ángelo, escuchara las palabras de Pasquino. Naturalmente habíamos escuchado ya mi conversación con la señora Casentin. También Tila estaba de acuerdo en la conveniencia de darse una vuelta por el Club de Equitación. Pero la frase que había dicho Pasquino, y que casualmente registré, nos parecía mucho más interesante que todo lo demás y no nos cansábamos de ponerla una y otra vez.

—¿Te has dado cuenta de que son las mismas palabras que nos dijo en el barranco? —dijo Tila rascando con un pie la tripa de Tumba.

—¡Sí, y por eso creo que no son palabras sin sentido —murmuré chupando un palillo.

En momentos como ése, me falta una pipa: ayuda a reflexionar, estoy seguro de ello. De todas formas, aunque fuera sólo con el palillo, hice progresos en mis deducciones. Deduje que la bruja debía estar confabulada con el pequeño inocente, pues cuando le pregunté por el abrigo, Pasquino había nombrado a Ángelo, haciéndome creer que también era suyo. Después tomé en consideración la frase: «¡Ahora vivo delante y él vive detrás!».

—Pongamos que «delante» y «detrás» no sean sólo palabras, sino que quieran decir lo que realmente significan —sugirió Tila.

—¡Y entonces querría decir que el espectro vive en la parte trasera de la casa de Pasquino! —concluyó Tila Lagrande, que en aquel momento me pareció verdaderamente grandísima.

Durante un rato largo nos miramos fijamente a los ojos. En la mirada de Tila había admiración hacia mí y en la mía..., ¡en fin, no os metáis donde no os llaman!

Después, Tila dio uno de sus mortales puñetazos, por suerte, esta vez, en el brazo del sillón de Jack. Dijo que no había tiempo que perder y que debíamos ir enseguida a investigar. ¿Dónde? En el bosque de abetos naturalmente, a casa de Pasquino. ¿A las diez de la noche? ¡Claro! Era el momento más adecuado.

Creo que le dije que sí porque aún me sentía hipnotizado. Pues ¡perro mundo!, no sabía yo que los ojos de una chica pecosa tuvieran aquel poder magnético.

Nos encaminamos hacia el abetal cogidos de la mano como si fuéramos Hansel y Gretel. La única diferencia era que nosotros teníamos una linterna eléctrica y sabíamos muy bien lo que nos esperaba: ¡el antro de la bruja! Y, además, íbamos acompañados de Tumba, que aquella noche tenía tan llena la vejiga como si fuera la de un borracho. La mortadela ambulante bautizaba todos los abetos que se le ponían por delante. Y nosotros, entretanto, marcábamos el tronco de cada árbol para poder reconocer el camino de regreso.

—Tila —murmuré a mi amiga a mitad de camino—, tienes que prometerme una cosa. En caso de que aparezca Ángelo, no vamos a intentar atraparle. ¡Quiero acabar con él de otra manera!

—¡Prometido! —exclamó Tila—. Sobre todo porque me parece cada vez más peligroso: si es que realmente tiene algo que ver con aquella bruja armada de un cuchillo...

A pesar de todos los buenos propósitos que teníamos, confieso que cuando divisamos la barraca de Pasquino, mis rodillas empezaron a moverse como en el baile de san Vito. Pero Tila tiraba de mí hacia delante con la fuerza de un caballo. A propósito de caballos: aquella noche el caballo negro no estaba. Exploramos todo el exterior de la casa y ¡ni sombra del animal! Por otra parte, la choza parecía tranquila; una de sus ventanucas estaba débilmente iluminada, pero no se oía ningún ruido dentro. Tila se atrevió a mirar a través del cristal. Pasquino estaba ya en la cama y una vela ardía encima de su rústica mesita.

Entonces nos deslizamos despacio hacia detrás de la casa. Tila descubrió enseguida una ventana con el cristal roto, tapada de cualquier manera con una hoja de celofán. Yo también la había visto, pero preferí no decir nada. Estaba maldiciendo el momento en que había decidido ir a aquel bosque. Incluso maldecía el momento en que había conocido a Tila. O sea, que no paraba de maldecir, cuando Tila rompió el celofán y saltó por la ventana. ¿Qué debía hacer? Salté detrás. Tumba se quedó ladrando bajo la ventana.

La habitación donde nos encontrábamos estaba oscura como un sepulcro. Por eso Tila enfocó enseguida la linterna contra la pared. Y también enseguida la dejó caer dando un grito. Yo me tiré al suelo con las manos en la cabeza como para salvarme de la explosión de una bomba.

Pero una bomba era una cosa ridícula frente a aquella cara horrenda, suspendida en el aire, que nos miraba con las órbitas vacías. ¡La cara de la bruja!

XV

Peligro mortal en el picadero

AL CAER, mi codo chocó con la linterna eléctrica. Instintivamente la cogí y apunté con ella contra la pared como si fuera un arma. Después cerré los ojos y sólo los abrí cuando Tila me sacudió enérgicamente.

—¡Falsa alarma, Jerry! ¡Mira también tú! —me dijo.

Cuando me atreví a mirar, me llamé de todo. ¡Un aspirante a detective que se asusta de una máscara de carnaval! Justo eso: la cara de la bruja era sólo una máscara de goma, colgada de la pared. Debo decir que estaba muy bien hecha y era de las que se ponen cubriendo la cabeza como una capucha.

¡Pero no acababa aquí cosa! La miserable habitación donde nos hallábamos tenía otras sorpresas reservadas para nosotros. Al lado de una cama medio deshecha, había una mesilla bastante cochambrosa sobre la que se amontonaban un montón de cómics de terror.

—¡Sus lecturas preferidas! —susurré a Tila.

En el suelo había montones de colillas por todas partes. Tila cogió una y la examinó a la luz de la linterna.

—¡Fíjate! El filtro tiene el borde dorado, como el de la torre!

Al pie de la cama, descansaban un par de malolientes zapatillas *Adidas,* con unos sucísimos calcetines *Reebok* metidos dentro.

Pero el descubrimiento más grande para nosotros fue un tarro de cristal, que estaba en una repisa delante de un sucio espejo. Dentro había una especie de crema blanca. Tila se puso un poco en la cara.

—¡Grandioso! —exclamó en voz baja mirándose al espejo—. ¡Mis pecas han desaparecido!

—¡Sí, te has vuelto blanca como un espectro! —susurré yo.

No tardamos nada en entender para qué servía aquella especie de maquillaje de payaso. Evidentemente antes de cualquier «aparición», el pequeño inocente se embadurnaba la cara para parecer más pálido y fantasmagórico. ¡Era la prueba definitiva de que no se trataba de un espectro!

Ya sabíamos bastante; ahora había llegado el momento de cortar por lo sano. No habíamos dejado ni un ángulo sin revisar, pero no encontramos otra cosa que inmundicias y trapos sucios. Y un camisón blanco: ¡su uniforme de fantasma!

En cuanto nos vio saltar por la ventana, Tumba se puso a brincar de alegría, moviendo la cola como un sacacorchos. ¡Debía admitir que el cerdito era afectuoso!

Nos alejamos de la cabaña andando de puntillas. Y cuando ya era sólo una sombra blanca a nuestras espaldas, empezamos a correr. Tila hacía de guía y de vez en cuando se paraba para observar las marcas en los árboles. Íbamos por buen camino y al poco rato llegaríamos a la salida del bosque.

De pronto oímos el ruido de unos cascos.

—¡Al suelo! —gritó Tila apagando la linterna.

Nos aplastamos contra el suelo como sardinas en una lata. La noche era negra y misteriosa. En el bosque resonaban crujidos extraños y el grito solitario de un mochuelo. Yo sentía también el loco latir de mi corazón y tenía miedo de que resonase como un tambor. Entonces se oyó de nuevo un trote de caballo y ahora mucho más cercano. Mi corazón palpitaba ya como una batería al completo. Tanteé en la oscuridad buscando la mano de Tila, pero encontré sólo la pata de Tumba... Sí, su pata, pero eso era mejor que nada.

De improviso, una sombra oscura salió de entre los árboles, pasando muy cerca de nosotros. La sombra de un caballo negro, espoleado por un muchacho vestido de blanco. El muchacho llevaba en la mano una antorcha encendida para iluminar el camino.

—¡Deprisa, Diablo! —gritó con voz ronca.

Levantando un poco la cabeza, conseguí ver una cara pálida con cabellos negros despeinados. ¡El pequeño inocente galopaba hacia su casa!

A la mañana siguiente el sol caía a plomo sobre nuestras cabezas. Tila y yo nos habíamos citado en el barranco de los niños muertos, justo al lado de los restos del autocar. No se trataba de un lugar muy alegre, pero al menos estábamos al resguardo de cualquier curioso. ¡Y es que debíamos discutir temas del máximo secreto!

Tila había encontrado un escondite a la sombra, dentro del chasis del autobús. Se sentó en un asiento ennegrecido, milagrosamente salvado del fuego. Yo me acurruqué encima de un trozo de plancha oxidada. Tumba prefirió quedarse fuera, al sol, para dar caza a las lagartijas.

—¡Ahora ya podemos empezar! —anuncié yo hojeando mi cuaderno de detective.

Y así fui repasando todos nuestros descubrimientos tras la aventura pasada en el bosque la noche anterior. Lo primero era que ya teníamos la total seguridad de que Ángelo Casentin vivía en la parte trasera de la casa de Pasquino. El vagabundo a su manera nos lo había explicado: el pequeño inocente podía parecer exteriormente (o sea «delante») un ángel, tanto por su nombre como por sus hechos, pero en realidad por dentro (o sea «detrás») era un diablo. Y mientras que antes Pasquino vivía solo en toda la casa (delante y detrás), ahora Ángelo ocupaba la parte de atrás.

—¿Pero qué quiere decir: «Aparece delante, tengo las manos detrás»? —preguntó Tila.

—No sé. Quizá que se le aparece delante de improviso. Antes o después lo aclararemos.

Por el momento lo más importante era otra cosa: que Ángelo era un mentiroso de campeonato. Había sido él quien había escenificado la pantomima de la bruja, sirviéndose de la máscara y de la saya de Pasquino. Una idea de cómic de horror, como cuando había subido al tejado de la casa de tío Ade y había arrojado a Satanito por el tubo de la chimenea, después de haberlo camuflado de espíritu infernal. También estaba claro que se disfrazaba de fantasma con un poco de crema en la cara y el camisón blanco. Y ésa era la prueba palpable de que no era ningún fantasma.

—¡Un verdadero espectro!, no hay más que decir —murmuré yo burlón—... ¡en carne y hueso! Como demuestran sus viejos pantalones y, además, ¡ha crecido!

—¿Pero cómo es posible que esté vivo? —preguntó Tila dubitativa.

—Cómo, no lo sé —contesté yo—, pero un fantasma no se pone unos calcetines *Reebok* ni unas zapatillas *Adidas.*

Tila confirmó que también en los «Misterios misteriosísimos...» de la tele habían asegurado que los fantasmas aparecían siempre con los mismos vestidos y que no se cambiaban nunca. ¡O sea, que otro punto a favor de mi teoría!

Ahora sabíamos que de noche el pequeño inocente se movía siempre a caballo. Un caballo negro que sintonizaba muy bien con la superstición del diablo aparecido en la selva. Un caballo que, además, se llamaba Diablo, igual que el purasangre del hijo de la gitana.

—¡Bueno, quizá sea un caballo del Club de Equitación que él haya robado y al que le haya puesto el mismo nombre! —exclamó Tila.

Una hipótesis posible. Para descubrirlo no nos quedaba más remedio que ir a indagar al Club de Equitación de Ca'Desolo de Arriba.

Ca'Desolo de Arriba está a unos quince kilómetros

de Ca'Desolo, en lo alto de una colina. Elemental, si no ¿por qué habría de llamarse «de Arriba»? A Ca'-Desolo se podía ir en autobús de línea. Había uno cada media hora. Aquella tarde Tila (por una vez sin el perro-cerdito) y yo cogimos el autobús de las quince treinta. Bajamos en la segunda parada, justo delante del picadero.

El Club de Equitación parecía un lugar bastante lujoso. La verja blanca estaba adornada con setos verdes, podados en forma de caballitos rampantes. En el aparcamiento había unos coches fuera de serie, flamantes. A la entrada, una mujer rubia, sentada ante una mesa llena de copas y trofeos, nos pidió el carné de socios.

—Ejem... ¡es que no tenemos! —dijo Tila.

—Lo siento, pero entonces no podéis entrar —dijo la señora, mordiéndose una uña pintada de rojo.

—¿Y cuánto cuesta hacerse socio? —pregunté yo.

La señora nos sonrió.

—Un año cuesta cerca de un millón doscientas cincuenta mil...

—¿Esa miseria? Creo que deberían subir los precios —dije yo.

Tila me miró con los ojos muy abiertos. La mujer, en cambio, lo hizo nerviosa, tragándose un trocito de uña del dedo meñique. Entonces yo, antes de que decidiera tragarse todo el dedo, dije a quemarropa:

—Soy un íntimo amigo del pobre Ángelo Casentin, que era socio. Sólo quería ver los lugares que él frecuentaba y quizá conocer a algún amigo suyo...

Ella puso una cara extraña y después se volvió de

lo más cordial. Dijo que recordaba bien a Ángelo, ¡pobrecito!, ¡qué triste final había tenido! Nos dijo que podíamos entrar y echar una ojeada a los caballos en las cuadras.

—Y si esperáis un momento, llamaré a mi marido —añadió—, que conocía muy bien a Ángelo.

Dicho y hecho: aún no habíamos puesto los pies en el picadero, cuando salió un tipo vestido de jinete, con un curioso bigote caído como una morsa. Nos dijo que se llamaba Ricardo (Dick para los amigos) y me pasó una mano alrededor de los hombros. Con la otra sostenía una fusta con la empuñadura dorada.

—¡Apuesto a que eres el amigo especial del que siempre hablaba Ángelo! —dijo la morsa.

—¡Sí, soy Jerry! —exclamé yo—. Y ahora querría saber si por casualidad tienen caballos negros.

El jinete me apretó la mano alrededor del cuello, agachándose hacia mí. Tila lo miró desconcertada.

—¡No hemos tenido nunca caballos negros! —me gritó al oído—. Pero ¡si tú eres quien yo creo, recuerda que el gamberro de tu amigo me debía treinta millones!

Tila se echó sobre él con los puños apretados. Pero él la amenazó con la fusta, y siguió apretándome el cuello.

Entonces yo tartamudeé:

—¡Usted se equivoca, señor! Yo no soy el que está buscando!

El jinete morsa respondió con voz meliflua.

—Estoy buscando al amigo especial de Ángelo, el que le procuraba la pasta en el momento justo, porque ese miserable anticipo de dos millones no lo tuve ni en cuenta...

La presión en mi cuello aumentaba. Empecé a sentir toda mi sangre en la cabeza. Tila se puso a gritar como una desesperada:

—¡No es él, no es él!

—¡Pero si lo ha dicho él mismo! —gritó de nuevo la morsa—. Estoy seguro de que Ángelo, antes de morir, te dio una buena cantidad de dinero para poder pagar su deuda. Porque, dicho entre nosotros, tu amigo era terrible jugando al póquer!

Esas últimas palabras me llegaron como un eco lejano. Me faltaba el aire y me silbaban los oídos. En aquel momento un telón negro cayó sobre mis ojos. «Vaya», pensé, «¡esto es lo que debe pasar cuando uno se muere!».

XVI

DESAPARECE TUMBA

UNA VOZ DÉBIL, que no se parecía ni por asomo a la mía, salió de mi boca.

—¡Déjeme! —murmuré con el último aliento que me quedaba.

La morsa me soltó al instante, gritando terriblemente. Yo caí de rodillas, con la deliciosa sensación de que aún podía respirar. El telón negro se disolvió enseguida y el mundo recobró sus colores. Lo primero que vi fue al jinete doblado en dos por el dolor, con las manos agarrándose las piernas como si se le hubiese salido la silla de montar de debajo del trasero. Tila había golpeado de nuevo, y yo sabía por experiencia lo eficaces y dolorosas que eran sus patadas en ciertas partes.

Después, todo pasó rápidamente como en una película. Tila me cogió por un brazo arrastrándome en una loca carrera hacia la salida del picadero. La morsa empezó a seguirnos cojeando de una pierna. Tila y yo miramos hacia atrás y eso nos hizo tropezar contra un caballo ensillado cuyo ronzal sostenía un tipo. El caballo se asustó, dio dos o tres saltos y atropelló al jinete morsa, dejándole tendido en el suelo todo lo largo que era. Mientras tanto, nosotros habíamos llegado ya a la puerta de salida.

No sé cuánto llegamos a correr, pero en una parada intermedia logramos subir al autobús para Ca'Desolo. Yo me sentía aún con los ojos fuera de las órbitas y escozor en el cuello. En cuanto a Tila, tenía la camiseta empapada de sudor y suelto un tirante de su peto vaquero.

—¿Sherlock, cómo te encuentras? —me preguntó cuando ya estuvimos sentados al fondo del autobús.

—¡Como alguien que acaba de arriesgar su pellejo! —respondí yo

Tila apoyó su cabeza en mi hombro. ¡Sí, lo habéis leído bien: *apoyó su cabeza en mi hombro*! Entonces noté un montón de síntomas alarmantes: sofoco en la cara, vacío en el estómago, sudor en las manos. ¡Nunca en mi vida había tenido nada parecido! ¡Elemental, era la primera vez que me habían estrangulado!

En casa fingí un ataque de gripe. Tío Ade se fijó enseguida en mi cara congestionada e insistió para que me metiera en la cama, y ya, una vez metido entre sábanas, me dormí como un tronco. Tuve una pesadilla: el pequeño inocente había raptado a Tila llevándosela en su caballo negro. La llevó a una especie de ultratumba, y yo sabía que no la vería nunca más. Entonces tío Ade me leía su testamento: ¡Tila me dejaba a Tumba! Me desperté cuando estaba llevando al cerdo-perro a las perreras municipales.

Estuve tres días en cama, atendido por el tío, que

entre funeral y enterramiento no perdía la ocasión de venir a verme y contarme las novedades del momento: el muerto del día, la última sensacional exhumación, alguna aventura de Satanito y sus colegas... Tila, naturalmente, venía a cada momento y siempre en compañía de Tumba. Entre paréntesis diré que éste había hecho otra de las suyas: esta vez se había escapado del camposanto con una falange en la boca, que quién sabe dónde la habría encontrado. Tila le había reñido un poco, pero después lo dejó correr. Ella sospechaba que Tumba tenía un escondite secreto en el cementerio, donde guardaba todos sus tesoros óseos.

Pero los ratos que estaba sólo, me dediqué a una lectura muy interesante: un libro titulado «Retorno de Ultratumba», que justamente me venía al pelo por mis pensamientos y sobre todo por mis preguntas de aquellos días. Era la historia de un criminal escocés, Angus Mac House, que en el siglo dieciocho fue ahorcado por haber matado a un hombre, y que después de su muerte aterrorizaba a los vecinos de la villa con sus apariciones.

El último día de mi *enfermedad* telefonearon mis padres.

—¿Cómo te va con tu nuevo amigo? —me preguntó mamá contenta.

—¡Ah, muy bien! —dije yo—. Nos hemos visto mucho últimamente.

Mi amigo había metido una calavera en mi armario, me había perseguido con un cuchillo en sus manos y me había encerrado en un sepulcro. Pero no era necesario entrar en detalles con la familia.

—¿Lo ves? —exclamó mamá—. No son unas vacaciones aburridas como tú imaginabas.

¡Cuánta razón tenía! ¡Palabra de Sherlock!

Apenas me levanté, reemprendí mis investigaciones a todo ritmo. Además, desde que había acabado «Retorno de Ultratumba», tenía una especie de idea fija en mi cabeza: una sospecha muy vaga, de la que no quería hablar ni siquiera con Tila... Pero si tenía razón, sería la clave para resolver el misterio del pequeño inocente.

Una mañana de calor acuciante Tila y yo estábamos dando un paseo en dirección al pueblo. El paseo en realidad era sólo un pretexto para intercambiar opiniones sobre el desarrollo de nuestro caso. Aquellos días no habíamos hecho otra cosa que hablar del tipo del picadero, de sus amenazas y de su relación con Ángelo. Por lo que parecía, el pequeño inocente le debía una gran cantidad de dinero que perdió al póquer pocos días antes del accidente. Pero ¿quién era aquel amigo especial que le facilitaba la pasta?

—Un buen misterio también éste —dijo Tila mientras esperaba que Tumba acabase su meada en un matorral.

—Por lo menos —añadí yo—, ahora ya sabemos que el caballo negro no es de ese picadero, si es cierto lo que dijo la morsa...

Tila no me escuchaba. Estábamos delante del campamento de los gitanos y como de costumbre Miriam nos había salido al encuentro. Esta vez no pedía dinero, sólo quería ofrecernos una limonada fresca.

—¡Muy bien! ¡Gracias! —exclamó Tila.

Nos sentamos bajo el toldo del remolque de Miriam a saborear una limonada celestial. Mis ojos se fijaron de nuevo en el colgante de la cadena de la gitana: las tijeritas de oro, idénticas a las que la madre de Ángelo llevaba como pendiente.

—Es bonito ese colgante —murmuré yo.

—Sí. Le tengo mucho cariño. Es el último regalo que me hizo Diego antes de marcharse...

—¿Por qué se marchó? —pregunté.

Tila me echó una mirada asesina. Pero Miriam, igual que la señora Pina, estaba contenta de hablar de su hijo.

—No sé. No tengo ni idea. Sé sólo que se había peleado en serio con alguien. Alguien que le debía algo, pero no sé quién era. Pero, si quería irse ¿por qué eligió aquella noche tan infernal? Sabía muy bien que a Diablo le daban miedo los truenos, y normalmente no lo habría...

—¿Tiempo infernal? ¿Llovía? —pregunté yo. Tila me pisó un pie con fuerza y yo resistí heroicamente.

—¡La peor noche del año! Había una especie de tempestad, tanto que un autocar lleno de niños se estrelló por la carretera...

Tina y yo, simultáneamente, dimos un salto en la silla. ¡Ése sí que era un buen descubrimiento! ¡Diego había desaparecido el mismo día del accidente del autocar!

Yo casi no lograba contener mi excitación. Así que sorbí otro trago de limonada, como si se tratase de un whisky doble. Enseguida me sentí mejor y dispuesto para continuar el interrogatorio, pero entonces Miriam se levantó de la silla y desapareció dentro del remolque. Al poco rato apareció con un portarretratos apretado contra su pecho.

—Mirad, éste es Diego —dijo mostrándonos la fotografía.

—Sí, ya le conocía —murmuró Tila.

Yo no dije nada, pues aquella idea fija que tenía en mi cabeza empezaba a trepanarme el cráneo. No volví a abrir la boca hasta que nos marchamos cuando terminamos la limonada, y únicamente para despedirme de Miriam.

Una vez solos, caminando de nuevo bajo el sol, sometí a Tila a una especie de tercer grado. Debía soltar todo lo que sabía o recordaba de Diego. La ametrallé a preguntas, pero ella no me daba respuestas muy precisas. Por otra parte, yo estaba ansioso de poder confirmar mis sospechas y perdí la paciencia.

—¡Procura recodar! —grité—. ¡Es importantísimo!

Tila arrojó con rabia la correa de Tumba al suelo.

—¡Me estás cansando, señor detective! Ya te he dicho cuanto sabía: ¡tenía dieciséis años, aunque era bajo para su edad, y lo habían pescado más de una vez robando en casas!

Yo casi la asalté:

—¿Qué robaba? ¿Te acuerdas?

—¿Qué se roba según tú? ¿Avellanas? Yo diría que dinero, o cosas de oro, querido Sherlock...

Tila me miraba con compasión y yo perdí los estribos:

—¡Estúpida! ¡Deja ya de llamarme Sherlock!

No sé por qué se lo dije, pues en cuanto lo hice, me arrepentí. Sin contar con que yo soy el primero que me río de mí mismo y me llamo así. El hecho es que se lo dije. ¡Bravo, Sherlock!

«Es el fin» pensé. «Ahora se pone a llorar y no quiere saber nunca más nada de mí».

Pero Tila no tenía lágrimas en los ojos. Al contrario, acercándose a mí me dio un empujón que casi me tiró al suelo. Después me sacó la lengua y con los dientes apretados me dijo:

—¿Quieres pelear conmigo, Sherlock?

No, no quería pelear con ella. No quería volver a exponer las joyas de la familia (en la jerga de la mala vida, se llama así al punto más vulnerable de los hombres, ese que es también el más importante para la reproducción de la especie). Y, además, en una pelea frontal con Tila, Tumba habría tomado partido por su dueña. Así habrían sido dos contra mí. Y a propósito de Tumba, hacía un buen rato que no veía su hocico porcino.

Tila debió leerme el pensamiento, ya que gritó:

—¡Dios mío! ¿Dónde está Tumba? ¡La correa está suelta!

Y sin esperar respuesta se puso a correr a toda velocidad, retornando por el camino que habíamos hecho. Primero, encontramos el collar. Después, un mechón de pelo blanco. Y en medio del camino había un charco de pis, lo que resultaba muy sospechoso pues el cerdito no regaba nunca la calle sin contar con un apoyo. ¡Señal de que se le había escapado a causa del miedo!

Tila se paró en medio del camino y soltó lágrimas a raudales:

—¿Qué le han hecho a mi pobre Tumba? —gritó entre sollozos.

Un final terrible, ¡puerco perro! O sea, no: ¡pobre perro!

XVII

RECUERDO DE UNA NOCHE INFERNAL

FUE ENTONCES cuando la abracé por primera vez. ¡Y fue extrañísimo!

En realidad yo sólo tenía la nariz metida entre sus cabellos rojos y el cuello mojado por sus lágrimas... Y, sin embargo, me pareció lo más extraordinario que me había sucedido en la vida. Estaba como borracho de felicidad. Mucho mejor que aquel cumpleaños en que encontré mi bicicleta de montaña nueva debajo de la cama o cuando un sábado de viento logré hacer volar mi cometa, la que hice en la escuela. Una sensación que... bueno, pero ¿por qué os metéis donde no os llaman?

La verdad es que entonces le susurré:

—No te preocupes, presiento que no le ha sucedido nada a tu pequeño Tumba. Aún no está muerto, está vivo.

Y aquí, desgraciadamente, se acabó el encanto. Tila me dio tal empujón que me caí al suelo con las piernas al aire.

—¡Hipócrita! —gritó—. Siempre has odiado a mi perro y si fuese por ti ya estaría encerrado en la perrera municipal.

¡Vaya, Sherlock! ¿Es que aquella muchacha sabía leer los pensamientos más secretos?

—Pero, ¿qué dices Tila? —exclamé con voz falsísima—. ¡Yo adoro a ese tierno animal!

«Tanto como adoro los perritos calientes y los panecillos con salami», habría querido añadir.

Enseguida me sentí como un Judas, pero lo cierto es que habría inventado cualquier trola para tenerla otra vez cerca de mí. Sin embargo, Tila no me escuchaba. Su mirada estaba fija en una encina robusta que teníamos a unos cincuenta metros de nosotros. De un salto se puso a correr, llegó al árbol y arrancó furiosamente una hoja que parecía pegada a su tronco. Entonces yo también corrí y pude leer al mismo tiempo que ella lo que ponía:

¡Si quieres ver de nuevo a ese bastardo puerco vivo, deja ya de perseguirme! El primer intento que hagas de volver a seguirme, le costará muy caro a tu amiguito peludo. ¡Mira que no bromeo!

Ángelo el Vengador

Tila me apretó la mano con fuerza. Sus ojos estaban serios y secos:

—¡Miserable! ¡No logrará pararme con sus amenazas!

Yo estaba fuera de mí. ¡El pequeño inocente era también un secuestrador de perros! Desde luego tenía dotes de observación si se había dado cuenta de la impresionante semejanza de Tumba con un ejemplar de la especie porcina. Tila era la que estaba cegada; por el afecto, se entiende. De todas formas aquella nota hizo que mi amiga recuperara otra vez toda su determinación. Estaba más decidida que nunca en no dejarse asustar. Lo mismo se podía decir de mí: ninguna amenaza me persuadiría de abandonar mis investigaciones. Bueno, ninguna no lo sé; pero las que se referían a tan molesto animal, desde luego, no.

Aquella tarde decidí no dejar a Tina sola ni un minuto. Desde que la había abrazado tenía una especie de obsesión de que debía protegerla porque nadie más que yo podía hacerlo. Reíd si queréis, pero creo que, en el fondo, desde que el mundo es mundo, el instinto de un hombre hacia una mujer es siempre el de protección, aparte, claro, de otras cosas. Así que, después de comer, busqué la manera de salir despistando de la cocina, sin ni siquiera ayudar a mi tío a recoger.

—¡Vaya, ¿no tienes nada que hablar con tu tío? —dijo Ade recogiendo las migas del mantel.

Yo solté un tenedor de los de Foscari sobre la servilleta arrugada.

—Es que... es que tengo que irme corriendo —balbuceé sofocado.

Mi tío movió lentamente la cabeza, con una extraña sonrisa burlona.

—¡Sabes una cosa, Jerry? Has cambiado desde que llegaste aquí... Pienso en lo que te gustaba hablar conmigo los primeros días... Y ¿te acuerdas de la primera noche que yo tenía un sueño que me caía y tú no dejabas de hablarme? ¡Y, ahora, fíjate!

¡Aquella noche! ¿Cómo olvidarla? Estaba aterrorizado de muerte... Y aún no conocía a Tila. Aquel pensamiento hizo dar un salto a mi corazón. Estaba que trinaba, quería marcharme y al mismo tiempo no quería molestar al tío. Pero entonces él me dijo sonriendo:

—¡Anda, vete! Yo tengo un entierro urgentísimo y unas cuantas cosas más que hacer. ¡No puedo estar todo el día detrás de un niño...!

Sin embargo, cuando ya estaba en la puerta, me sujetó por una manga y me pasó una mano por el cabello. Y antes de que pudiera entender lo que hacía, me puso una cadena alrededor del cuello de la que colgaba un pequeño murciélago plateado. Le miré sin entender nada. Me dijo:

—Es un amuleto. Te sienta bien y apuesto que también a ella le gustará. Las mujeres se vuelven locas por esta clase de cosas...

Creo que murmuré «gracias» y miré al suelo. Pero levanté de nuevo la mirada y pregunté:

—Pero, ¿por qué?

—¡Sólo por reanimar a los cadáveres! —exclamó soltando una de sus cavernosas carcajadas. Y después me cerró la puerta en la cara.

Cuando llegué a la hacienda de la Uva Negra, era ya la hora de la siesta. El sol pegaba inclemente sobre la casa amarilla, que se veía a lo lejos como un extraño espejismo. Esta vez ningún ladrido excitado me recibió en la puerta. Me acerqué al porche titubeando un poco, ya que las persianas estaban todas bajadas y mi visita era completamente inesperada. Por la mañana, Tila y yo estábamos demasiado trastornados como para quedar para la tarde. Por eso no me atrevía a tocar el timbre. ¿Y si todos estaban durmiendo la siesta?

Una lagartija corrió veloz entre mis pies y me incliné a mirar como desaparecía por una grieta de la pared. Me vino al pensamiento Tumba, el cazador de lagartijas. ¡Pobre animal! ¿Cómo lo estaría pasando en aquel momento? Una mano rozó mi cabeza.

Levanté los ojos y pegué un salto. Tila estaba de pie delante de mí, con las manos metidas en los bolsillos de su peto vaquero. Sin decir esta boca es mía, me saltó encima y yo procuré esquivar el golpe tan deprisa como pude. Me temía uno de sus empujones o de sus temibles golpes bajos. Pero, por el contrario, soltó una carcajada y, mientras yo la miraba embobado, probó de nuevo y esta vez acertó, pero no con un puñetazo o algo parecido, ¡sino con un abrazo!

—¡Me siento tan sola sin Tumba! —me susurró al oído. O al menos eso creí yo que decía, pues no sabía muy bien si estaba en este o en otro mundo. ¡A lo mejor estaba en el más allá y de un momento a otro aparecía Ángelo el Vengador a hacernos los honores de la casa! Bueno, eso no me molestaba, pues no se estaba nada mal en aquel mas allá. Tila empezó a susurrar de nuevo:

—Desde esta mañana, lo único que me consuela es lo que tú me has dicho referente a Tumba. Perdona si te he llamado hipócrita...

Yo me hubiese quedado una eternidad de aquella manera, escuchando lo que susurraba en mi oído. Pero de repente sentí ganas de separarme de ella, pues en realidad yo quería acercar mi boca a... Bueno ¿por qué os tengo que contar más detalles? En esta historia el que pregunta soy yo. Y soy el Sherlock de la historia.

Lo único que puedo decir es que sólo un instante después me arrepentí de no haberme quedado en casa, o sea, en el cementerio de tío Ade, y precisando aún más, metido en un ataúd con traje aislante. Porque me di cuenta con horror de que el padre de Tila nos estaba mirando con una regadera en la mano. Naturalmente habría sido igual de terrible aunque no hubiera tenido la regadera... Pero, bien mirado, la regadera podría servir de arma arrojadiza... Sin embargo, el señor Lagrande carraspeó y dijo con fingido entusiasmo:

—¿Queréis un helado?

Tila dio un salto, como si nada pasase.

—¡Queremos dos cada uno! —gritó.

¡Algo más que un helado! Habría necesitado una heladería entera para enfriar el calor de mi cara. Debía parecer un langostino.

Y, no obstante, poco después estábamos sentados los tres debajo del porche, sorbiendo un granizado de guindas y hablando tranquilamente de mil cosas. Habían pasado casi diez minutos desde la representación más bestial de mi vida. Es verdad que el tiempo cura todas las heridas.

—¿Qué es ese extraño colgante que llevas al cuello —preguntó de pronto el padre de Tila.

—Un murciélago, Es un amuleto que me ha dado mi tío —contesté yo.

Tila lo miró, moviéndolo entre sus dedos. Su padre se puso a reír.

—¡Adelmo! —dijo sacudiendo la cabeza—. ¡Veo que aún no se le ha pasado la manía de los maleficios!

Naturalmente yo empecé enseguida a bombadearlo con preguntas, sintiéndome de nuevo como el viejo Sherlock. Quería saber lo que quería decir con su alusión a las manías de mi tío. Entonces él dijo que todos en el pueblo sabían que Ade decía que había visto muchas veces el fantasma de un niño, uno de los que perecieron en el accidente del autocar. Y todos se reían porque incluso había pretendido que un sacerdote hiciera un exorcismo en su tumba. En ese momento, Tila me soltó una patada mortal en la pierna. El fuerte dolor que sentí casi me causó un *electroshock* y, de repente, recordé que justo él, el señor Lagrande, había sido el último que había visto el autobús antes de la tragedia.

—Su hija me ha dicho que faltó poco para que usted se encontrara con el accidente —dije chupando el palo del helado (a falta de la acostumbrada pipa).

—Es verdad, aquella noche regresaba de una feria, y a un kilómetro más o menos de esa maldita curva del barranco adelanté al autocar.

Me saqué el palo de la boca y, señalándolo, le dije:

—Pero ¡esa carretera tiene línea continua! ¡Prohibición de adelanto, si no me equivoco...!

El señor Lagrande levantó las manos sonriendo:

—¡No me arreste, señor inspector! Puedo explicárselo todo.

Tila me miró con admiración. Yo me puse otra vez el palillo en la boca, orgulloso.

—¡Sí que eres listo, chico! —prosiguió el señor Lagrande—, pero ya se lo expliqué a la policía. Tuve que adelantar al autobús porque obstruía la carretera, ¡estaba parado!

—¿Estaba parado? —gritamos Tila y yo al unísono.

Él se encogió de hombros.

—Una parada de emergencia, creo. De todas formas tenía puestos los triángulos y estaba en el borde de la carretera. Seguramente, el coche patinó y el conductor, preocupado, paró esperando que la lluvia amainase.

El señor Lagrande calló un momento, pensativo. Después sacudió la cabeza.

—¡De verdad que era una noche infernal! Nunca había visto yo un temporal tan alucinante desencadenarse tan rápidamente. La naturaleza parecía estar furiosa y la carretera estaba cubierta de ramas rotas y de arbustos arrancados. ¡Tanto es así que por poco no me dejo yo también la piel allí!

—¿Qué dices, papá? —gritó Tila poniéndose de pie.

—¡Pues que poco antes de encontrarme con el autocar, tuve que frenar de golpe porque un caballo desbocado me cortó el paso!

—¿Un caballo? ¿Y no lo había visto? —pregunté yo.

El señor Lagrande volvió a encogerse de hombros.

—¡Bueno, ya sabéis que no es fácil distinguir un caballo negro en la oscuridad!

XVIII

VIVIENDO UNA PESADILLA

TILA HABÍA EXPLICADO a sus padres que Tumba se había escapado inexplicablemente aquella mañana mientras estábamos dando un paseo. A ellos les costó creerlo, pues Tumba no había hecho nunca nada parecido, y nos animaron para que fuéramos a buscarlo. Así que aprovechamos la oportunidad para desaparecer de la circulación y poder hablar de nuestras cosas (o sea, del caso del pequeño inocente), teniendo en cuenta las sorprendentes declaraciones del padre de mi amiga. Intuía que el misterio estaba ya a un paso de su solución final y me sentía excitado como un atleta en vísperas de una competición mundial. Ahora, en mi interior, estaba todo claro como el sol que resplandecía sobre las tumbas del camposanto.

Lo que ya no estaba tan claro era lo que Tila pensaba de mí. ¿Era sólo un amigo para ella, o me había convertido en algo más? Me había abrazado espontáneamente, pero sólo porque estaba triste por la desaparición de Tumba. Estaba también seguro de que me admiraba, pero la admiración es otra cosa. En el fondo, por ejemplo, también yo admiraba al pequeño inocente por su astucia, pero nunca soñaría en abrazar a aquel canalla. ¡Más bien le habría escupido en un ojo!

Aquella noche llamaron mis padres por teléfono.

—¡Adelmo dice que estás fuera de la mañana a la noche! —dijo mamá.

—Sí. Es que he encontrado compañía —respondí yo.

—¿El muchacho que me dijiste? ¿Vas a verlo también esta noche?

—Mmm... Creo que sí —contesté serio.

A menos que no me diera un ataque de retortijones en el último momento...

A las nueve en punto Tila llamó a los cristales de mi ventana. Como la noche en que nos conocimos, su esbelta figura se me apareció detrás de la cortina. Nos habíamos citado en mi habitación porque (¡perro mundo!) en su casa, sus padres estaban siempre pegados a nuestras costillas, con o sin regadera. Y aquella noche debíamos decidir cosas importantísimas y del máximo secreto. En cuanto a tío Ade, como de costumbre, se había acostado después de dar libertad a la flota de Satanito.

—Tras su última proeza, ese gamberro no esperará ni por asomo una visita a su guarida —exclamó Tila.

Yo callé, pues a pesar de llevar media hora hablando de la necesidad de actuar deprisa y debidamente, en realidad (como siempre) estaba temblando de miedo. Tanto es así que mientras permanecía sentado en la butaca de Jack, una rodilla me empezó a temblar convulsivamente y tuve que cruzar las piernas para disimular. Sólo que, de pronto, también la otra rodilla tuvo un acceso imprevisto de tembleque.

Estaba seguro de haber oído un ruido siniestro en el balcón, pero no se lo quería decir a Tila ¡para no asustarme más a mí mismo! Quizá sólo era sugestión...

¡No! ¡No era sugestión! Al momento oí como un roce suave. Y esta vez también Tila lo oyó. Así que llevándose el dedo índice a la boca, se acercó a la ventana y la abrió de golpe. En el balcón no había nadie y, como pude constatar con mi linterna, tampoco había nadie debajo. Bueno, me agarré fuertemente a la mano de Tila y no la solté durante media hora. ¡Fue la noche más horripilante de mi vida!

Así que aquella noche serena y sin luna, Tila y yo, cogidos de la mano, nos fuimos al encuentro de nuestro destino. Como de costumbre, mi amiga marcaba el paso de marcha, tirando de mí como si fuera una maleta incómoda. Mientras atravesábamos el cementerio, yo oía ligeros roces a mi espalda. Una vez me pareció ver por el rabillo del ojo una sombra enorme que se escondía detrás de una estatua. Sofoqué un grito apretando con todas mis fuerzas la mano de mi valiente compañera. ¡Qué cobarde era! ¿Qué clase de protección podía darle a la persona que amaba? (¡Perro mundo, no quería decir eso!)

De repente decidí comportarme como un hombre y arrancar de mí aquel terrible miedo que me atenazaba. Así que, para ponerme a prueba, me paré delante de la tumba del pequeño inocente y miré su fotografía con desafío.

—¡A ver si puedes con nosotros! —dije entre dientes.

Debo reconocer que la mirada maligna del fotografiado, a la luz trémula de la vela fúnebre, contribuyó a doblar mi angustia. Yo era, indudablemente, un caso sin esperanza.

Delante de la puerta del cementerio quise hacer otra prueba voluntaria de coraje y volví mi vista hacia la torre de los Foscari. Desde aquella lejana primera aparición, había pasado casi un mes y, a pesar de todos los descubrimientos que desde entonces había hecho, la impresión que tenía al levantar los ojos hacia la torre era siempre la misma: ¡pánico puro!

Esta vez la torre estaba desierta, pero... ¿Por qué no veía el acostumbrado brillo de las luces perpetuas a través de las aspilleras de la fachada? Era como si... como si una gran sombra negra estuviera aplastada contra la pared, tapando del todo las oquedades.

—¡El fantama de Ambrosio Foscari! —grité con un hilo de voz.

—¿Qué disparates dices? —susurró Tila arrastrándome hacia delante.

—¿No ves una sombra oscura delante de la tumba de los Foscari?

Entones ella dirigió los ojos hacia el mausoleo, pero la sombra ya había desaparecido. La luz tenue brillaba como siempre a través de las aspilleras. Tila me dedicó una media sonrisa de compasión.

—¡No tenemos tiempo para ocuparnos de otros fantasmas! ¡Con uno nos basta!

Tenía razón, pero yo estaba seguro de haber visto una sombra enorme aplastada contra el castillo. ¿Quién podía ser sino el barrigudo de Ambrosio Foscari?

—¡Ha venido a buscar su cubertería de plata! —susurré angustiado.

Por suerte Tila no me oyó. Caminaba a paso ligero y nada la podría detener, ni toda la familia Foscari armada hasta los dientes de tenedores y cuchillos.

Poco después llegamos al bosque de abetos. Tila sacó un navaja y empezó hacer las acostumbradas marcas en los troncos de los árboles. Marcaba sistemáticamente un abeto de cada cinco, con los labios apretados y el ceño fruncido. Aquella chica era un portento de fuerza y determinación. Mi admiración hacia ella no tenía límites. En un determinado momento se puso a escuchar con la navaja levantada.

—¿No has oído? —susurró.

—No —mentí yo.

—Me ha parecido oír rodar piedras a nuestras espaldas.

—¡Bueno, quizá se trata de alguna ardilla! —dije intentando infructuosamente reírme un poco. El resultado fue un sollozo entrecortado.

¿Cómo podía no tener miedo? El programa de la noche cuanto menos era alucinante: primero, el fantasma de Ambrosio Foscari que jugaba al escondite en el cementerio; luego, dos o tres ardillas que se divertían tirándose piedras en el bosque embrujado, y finalmente, para disfrutar un poco, una buena visita a la cueva maléfica de Ángelo el Vengador. ¡Era para volverse loco en menos de lo que canta un gallo!

Si me muriera de miedo, tal vez me enterraran en Ca'Desolo: tío Ade me metería en la fosa y Tila me pondría flores en la tumba. Una perspectiva que no estaba nada mal, siempre y cuando Tumba no viniera a romper mi eterno descanso, soltando su pis sobre mi lápida.

Después de aquellos angustiosos pensamientos, llegamos cerca de la casa de Pasquino. El caballo sin cola estaba atado a un árbol detrás de la cabaña, señal de que, seguramente, su pérfido dueño se encontraba en la casa. Las redondas ventanas se veían iluminadas. Deslizándonos por el suelo, Tila y yo llegamos bajo uno de aquellos ojos de buey que estaba medio abierto. El corazón me latía al ritmo de dos por tres: estábamos rozando la pesadilla y ahora ya no podíamos dar marcha atrás. Así que, con mucho cuidado, nos pusimos a espiar.

¡Lo que vimos nos dejó sin respiración! El pobre Pasquino estaba en una silla en medio de la miserable cocina, atado como una salchicha y con las manos detrás del respaldo. Aquel animal de Ángelo estaba frente a él con una fusta de caballo en la mano, mirándole con odio. No llevaba su uniforme de fantasma, sino una camiseta sucia y un par de pantalones vaqueros, y tenía un bonito color moreno en sus mejillas.

—«¡Se me aparece delante y tengo las manos detrás!» —susurré imitando el estribillo de Pasquino.

Pero Tila me hizo callar, ya que Pasquino había empezado a lamentarse.

—¿Por qué me atormentas? —decía con voz lastimera.

—¡Bruto loco! —bramó Ángelo levantando la fusta—. ¡No eres bueno ni para birlar un paquete de cigarrillos! ¡Y te lo he dicho mil veces: si te cogen, no te puede pasar nada, ya que todos saben que eres un pobre demente! ¿Y quién metería en prisión a un loco?

Pasquino empezó a llorar.

—¡No sé robar delante y menos detrás!

Ángelo apoyó sus manos en la cintura. Después con un tono de voz completamente diferente, casi dulcemente, como si hablase con un niño pequeño, dijo:

—No lo has probado... Si quisieras hacerme caso, si sólo robases de vez en cuando un paquete de cigarrillos del estanco, ¿sabes? Como yo te he enseñado...

Pasquino se puso a patalear, moviendo la cabeza.

Ángelo se enfadó. Después gritó con toda la fuerza que tenía en el cuerpo:

—¡Seguiré atándote todas las noches a esta silla, si no me obedeces!

Entonces levantó la fusta para darle un latigazo y yo ya no pude aguantar más: como un loco entré saltando por la ventana y me tiré encima de él. ¡Sherlock al ataque! El pequeño inocente, sorprendido, cayó hacia atrás sofocando un grito. Yo salté sobre él con los puños cerrados sin fijarme dónde golpeaba. Entretanto, Tila corrió a liberar a Pasquino, cortando con su navaja las cuerdas que le apresaban.

Es difícil recordar ahora la secuencia exacta de aquella lucha libre, pero el caso es que de pronto me encontré con la fusta alrededor del cuello y Ángelo sobre mí, teniéndome sujeto y mirándome con sus ojos de serpiente. Entonces se levantó de un salto y cogió un afilado cuchillo que estaba en la mesa. ¡El cuchillo de la bruja! Y con la hoja apuntando hacia nosotros, dijo con voz ronca:

—¡Si dais un paso mas, os mato!

Yo, tendido todavía en el suelo, tragué saliva, apretando sin darme cuenta el amuleto del tío. ¡Elemental, con mi golpe de coraje había gastado las baterías y ahora estaba sin fuerzas.

Tila, con sus cabellos rojos despeinados y la cara encendida como un caramelo de cerezas, se puso delante de Pasquino, protegiéndole con su cuerpo.

—¡No te atrevas a tocar a mis amigos! —gritó como una furia.

Ángelo, de espaldas a la ventana, le dirigió una mirada mortal y con una calma olímpica, midiendo bien sus palabras, susurró a media voz:

—¡Te lo había advertido, niña!

Y con una patada poderosa, abrió un armario y sacó de él un paquete envuelto en tela, que se movía continuamente sin parar de gemir. Después levantó el cuchillo.

XIX

EL ÁNGEL CAÍDO

EL PAQUETE PERRUNO cayó al suelo como una pera madura, ya que la mano que lo sostenía estaba ahora ocupada tratando de liberar su cuello de un apretón mortal. Al menos ésa era mi perspectiva desde el suelo, en el que aún me encontraba medio descalabrado. Entonces oí a Tila que gritaba:

—¡Ade!!

Me levanté de golpe y vi al tío, que tenía la cabeza de Ángelo bajo su brazo derecho. Aquello no le suponía ningún esfuerzo, como si fuera la bolsa de la compra que cada mañana llevaba entre sus manos. Si la situación no hubiera sido tan dramática, habríamos soltado la risa ante la visión insólita de aquel hombretón sujetando a un muchacho que pataleaba. Y casi lo hice cuando Pasquino con la voz más tranquila de este mundo murmuró:

—¡Ángelo delante, Adelmo detrás!

Porque era justamente eso lo que había ocurrido: tirándose sobre sus hombros desde la ventana abierta, tío Ade había logrado sujetar a Ángelo en el momento en que éste iba a traspasar al pobre Tumba con el cuchillo como si de un pincho moruno se tratase.

Ahora el cerdito estaba vivo y sano paseando bajo la forma de un paquete móvil por la cocina. Tumba, encerrado en aquel saco de tela, gruñía que daba pena. ¡Bueno, estaba claro que antes o después alguien haría de él un fiambre!

En cuanto estuvo liberado, el paquete saltó al cuello de su ama, loco de alegría, y ella estuvo a punto de matarlo otra vez, pero de besos y caricias.

Sin embargo, era mi tío quien centraba mi atención. Mientras el pequeño inocente se debatía cono un endemoniado gritando «¡déjame, déjame!», el tío lo cogió por el cuello y lo levantó como se hace con los gatos furiosos. Después lo soltó sobre la silla en la que hacía pocos minutos había estado sentado Pasquino, y sin ningún cumplido lo ató fuertemente con las mismas cuerdas que él había usado antes.

—Ángelo Casentin, ya me has tomado el pelo demasiado tiempo —farfulló tío Ade—. Ahora ha llegado el momento de las explicaciones.

Por toda respuesta el pseudofantasma le escupió en la cara. El tío le soltó una fuerte bofetada y entonces Ángelo se dignó contestar:

—¡No tengo nada que decir!

—¡Pues yo, por el contrario, sí tengo varias cosas que decir! —grité.

Todos se volvieron a mirarme y entonces sentí la acostumbrada necesidad de tener una pipa en mis manos. Así que cogí la navaja de Tila y la apreté con los dientes (procurando no hacerme daño). Después empecé a hablar, tranquilo, buscando un tono a lo Sherlock Holmes.

—Me gustaría contaros una historia...

—¿Qué clase de historia? —replicó Ángelo desafiándome con la mirada bajo el flequillo de sus cabellos de cuervo.

—Una historia breve: la del criminal Angus Mac House que mató a un hombre y fue condenado a muerte en la horca. Fue colgado con un saco negro en la cabeza, según su deseo. Pero, después de su muerte, sus convecinos que creían haberse librado de él eran perseguidos por sus constantes apariciones...

—¿De su fantasma? —interrumpió Tila.

—Un fantasma que no paraba de robar a sus aterrorizados paisanos, sembrando más pánico y violencia que antes. Porque Angus, amigos míos, no estaba muerto. Con la complicidad de su ayudante, en su lugar fue ahorcado otro condenado...

—¡¡¡Un cambio de persona!!! —grito tío Ade.

—Exacto: una gran fuente de inspiración para ti «Retorno de Ultratumba» —dije mirando fijamente a los ojos de Ángelo. Pero él bajó la vista al suelo.

Paseé alrededor de su silla y, moviendo entre mis manos la navaja de Tila, reanudé mis palabras:

—Pero ahora nos interesa otra historia: la de un chico de trece años dedicado a vicios demasiado grandes para su edad, como el tabaco, el billar y los juegos de azar. Vicios costosos para los cuales no basta una paga de cuarenta mil liras al mes. Por otra parte, sus aficiones, la equitación y la ropa de marca, también cuestan lo suyo... Así que, inevitablemente, siempre andaba corto de dinero. Hasta que alguien fue en su ayuda: un gitano un poco mayor que él, con el que compartía su pasión por los caballos, empezó a proponerle negocios. Y así, Ángelo empezó a robar objetos de oro, que el amigo lograba vender a clientes privados, repartiéndose entre los dos las ganancias.

Aquí el interesado levantó los ojos hacia mí y me pareció ver en ellos un destello de pánico. Yo proseguí impertérrito:

—Por una pequeña suma, Ángelo robó un pendiente a su madre, que, sin embargo, Diego, el gitano, no logró vender y lo regaló a su vez a su propia madre. Hasta que un día, por una maldita partida de póquer con un tipo de bigotes de morsa, el chico se enredó en un lío enorme. En pocos días debía pagar treinta millones al propietario del picadero de Ca'-Desolo de Arriba. ¡Una cifra de campeonato! Ángelo no supo dónde encontrarla...

Aquí hice una pausa teatral, acariciando a Tumba y dando un cachetito a la cara de Pasquino, que me escuchaba seráfico...

—... hasta que llegó a sus oídos la noticia de que la abuela de Domitila Lagrande, la de la hacienda de La Uva Negra —Tila me abrasó con sus ojos por haberla llamado de aquella manera, pero las circunstancias requerían su nombre completo—, muerta pocos días antes, estaba expuesta en la cámara mortuoria del camposanto, con una diadema valiosísima en su cabeza. Sin pensárselo dos veces, Ángelo pasó a la acción, birlando la diadema a las primeras luces del alba. Pero una amiga de la muerta, Diletta Andrei, lo cogió casi in fraganti y lo denunció a la policía. Los padres del muchacho, naturalmente, se oponen a la denuncia, teniendo en cuanta además que su hijo es menor de edad, y la diadema desaparece.

—¡Ladrón! ¿Dónde la metiste? —gritó Tila llena de ira.

—¡En el cementerio delante, en algún agujero detrás! —dijo Pasquino, riéndose.

Ángelo miró otra vez al suelo. Yo seguí hablando:

—Diego decidió ayudarle dándole un anticipo de dos millones, probablemente el botín de algún robo anterior. Pero no quiso la diadema, un objeto demasiado importante y muy difícil de vender. Así que Ángelo le dio su Rolex de oro. Pero el joven ladrón quería más y Ángelo llegó a darle algunas piezas de su vestuario, como un chándal *Adidas*, una camiseta *Champion* y unas deportivas *Nike Air*. Diego aún no estuvo satisfecho y los dos tuvieron una fuerte discusión. Llegó el día de la excursión del colegio a San Marino. Ángelo andaba entre tres fuegos: la acusación del robo macabro, su terrible acreedor y su ex cómplice. Quizá le rondaba por la cabeza la idea de desaparecer, de unirse de alguna manera a una banda de ladrones, pero un trágico accidente llegó en su ayuda: la noche del 27 de abril, día de la excursión, se desencadenó un gran temporal. Mientras el autocar marchaba hacia Ca'Desolo, Diego galopaba. Diablo, su caballo, estaba aterrorizado por los truenos, se encabritó y acabó desbocándose. El muchacho se encontró bajo la lluvia en un camino secundario, a varios kilómetros del campamento y decidió hacer *autoestop*. El autocar se paró para dejarle subir y tal vez para esperar a que el temporal escampase. Entonces...

Entonces Ángelo empezó a gritar como un endemoniado:

—¡Malditos! ¿Queréis saber la verdad? ¡Entonces preguntádmela a mí! ¡Sí, a mí! ¡Ya no podía tragar más la cara de aquella sanguijuela! Mi Rolex no le bastaba, ¡sucio piojoso! ¿Qué quería? No dejaba de perseguirme y me habría acusado delante de toda la clase, de los profesores... ¡Y cuando subió al autocar, yo huí lejos de él y de todos, y desaparecí en el bosque! ¡Desaparecí del MUNDO!

Ángelo se puso a sollozar, y sus sollozos parecían los rebuznos de un asno desentonado. Ade se desabrochó el botón del cuello de la camisa. Sudaba y jadeaba.

—Entonces el pobre Diego murió en tu lugar... ¡Es a él a quien velé toda la noche!

Yo asentí gravemente. Susurré:

—Un muchacho de cabellos oscuros, con su ropa y un Rolex de oro en la muñeca... ¡No tuve ninguna duda cuando su madre me enseñó la fotografía!

Tila tenía lágrimas en los ojos.

—¡Pobre Miriam!

Sherlock la habría abrazado con fuerza, pero debía ocuparse del caso.

Enseguida todas nuestras miradas se concentraron en el pequeño inocente, que se agitaba en la silla, pataleando el suelo como un poseso. Una mala publicidad para su imagen de angelito del cielo.

Hasta que de golpe dejó de moverse y gritó:

—¿Por qué me miráis así? ¡El accidente no fue culpa mía!

—No, pero te libró de una vida incómoda y terriblemente comprometida —proseguí yo con la navaja todavía entre los dientes—. En cuanto supiste lo sucedido, te hiciste pasar por muerto y no tuviste piedad ni de tus pobres padres, que sin saberlo han llorado a otro en tu lugar. Te apoderaste de Diablo, que probablemente aún vagaba por los alrededores, y así realizaste tu deseo de tener un caballo. Después ocupaste la casa de Pasquino, confiando en la mala fama de que goza este bosque. Aquí estarías a salvo de miradas indiscretas. Pero por algún motivo que ahora se me escapa, pero creo poder intuir, volviste al cementerio. Y cuando Adelmo te vio, empezaste con la pantomima del espectro, vestido con un camisón y maquillado con esa crema blanca...

—¡Y la puesta en escena de la bruja! —gritó Tila enfadadísima.

—Bueno, ¡eso creo que fue en nuestro honor! —añadí yo—. Mi fama de aspirante a detective, gracias a las habladurías de mi tío, me precedió antes de mi llegada al pueblo. Pero Ángelo no quería curiosos a su alrededor e intentó aterrorizarme para sacarme de aquí. ¡Incluso metió una calavera en mi armario...!

—¡La calavera de Risa de Oro! —interrumpió Tila.

—... después de haberle quitado los dientes de valor! —terminé la frase.

—¡Maldito bellaco! ¿Dónde escondiste aquellos dientes? —gritó tío Ade zarandeando la silla con sus manazas.

Al ver al tío enfadado, Pasquino cogió miedo y fue a sentarse en una esquina de la habitación. ¡Pobre Pasquino! Recordé toda la rabia que me había producido verlo inerme a la merced de aquel sinvergüenza.

—¡Tendrás que responder de un montón de cosas a la policía! —miré a Ángelo perdiendo mi flema inglesa—. Y entre esas cosas está el secuestro de personas discapacitadas. ¡Creo que ésa es la peor canallada que has hecho!

Por primera vez el pequeño inocente me miró con ojos casi de súplica.

—¡No le quería hacer daño, pero yo sin cigarrillos no resisto! Y en esta choza se puede encontrar algo que comer, pero nada para fumar...

—Y le atormentabas para obligarle a robar cigarrillos para ti —dijo Tila.

Ángelo se encogió de hombros.

—Le ataba sólo de vez en cuando a la silla. Por otra parte, se habría librado pronto de mí, pues tenía intención de marcharme dentro de pocos días y dejar este podrido lugar, cuando lograse...

Calló mordiéndose los labios, pero yo intuí el resto de la frase:

—¿Cuando lograses reunir el dinero que necesitabas? ¿Vendiendo la diadema y algún diente de oro?

Ade se inclinó sobre él, con las manos en las rodillas y el ceño fruncido en actitud amenazadora:

—¿Dónde escondes lo robado?

Entonces el pequeño inocente levantó la cabeza y nos miró a los ojos, uno a uno, con una extraña sonrisa. Había recuperado su antigua mirada desafiante de espectro sin castigo:

—¿Sabéis una cosa? ¡Eso no os lo diré NUNCA!

Y soltó una gran carcajada satánica.

XX

BAJO LA TUMBA

TÍO ADE registró la casa de Pasquino, revolviéndola y dándole la vuelta como un guante, pero del botín no encontró absolutamente nada. Así que Tila y yo ordenamos la miserable habitación de Pasquino, de manera que el pobre pudiera por lo menos acostarse, teniendo en cuenta la hora que era (casi medianoche). Después le prometimos que volveríamos al día siguiente para arreglar el resto de la casa y merendar con él, que se despidió de nosotros conmovido:

—¡Gracias, gracias, chicos! ¡Buenas noches por delante y sueños de oro por detrás!

¡Parecía darse cuenta de su liberación! Por eso yo, tan conmovido como él, le murmuré:

—¡Eres formidable Pasquino! ¡De la cabeza a los pies *¡Delante y detrás!*

Tila me tiró de un brazo, susurrando:

—¿Siempre te tienes que burlar de él?

Tío Ade, mientras tanto, había recogido un montón de cosas de Ángelo, que después cargó sobre el caballo negro. Desató al pequeño inocente de la silla y le inmovilizó las muñecas. Luego, pasó un cordón por una trabilla de sus vaqueros y organizó una caravana nocturna, al frente de la cual iba él tirando de Ángelo por la cintura, como si fuera un asno de carga. Después íbamos Tila y yo, montando a Diablo a paso de hombre y, a continuación, como farolillo rojo, iba el pequeño Tumba, que saltaba inquieto sin encontrar la paz.

—¡Pobre Tumba! —exclamó Tila—. ¡Dos días sin huesos!

Ángelo dijo con una mueca:

—No te preocupes, ¡el cerdo ha tenido ya su ración de comida!

Tila le contestó rabiosa:

—¿No entiendes? ¡Tumba tiene tanta necesidad de sus huesos como tú de tus cigarrillos!

—¡Sí, y también él es capaz de robar por eso! —dije yo riéndome.

Pero Tila no me quiso imitar.

Por el camino, tío Ade nos bombardeó a preguntas a propósito de nuestros descubrimientos sobre el pequeño inocente. Por ejemplo, ¿cómo habíamos encontrado al tipo con los bigotes de morsa? ¿Nos había dicho él la cantidad de dinero que le debía Ángelo? Yo entonces le expliqué a tío Ade toda la historia punto por punto: la primera aparición de Ángelo en la torre del mausoleo Foscari (de la que por otra parte él también fue testigo), su representación vestido de bruja, mis investigaciones en casa de su madre, y también nuestra peligrosa visita al picadero. Tío Ade me escuchó imperturbable, si se exceptúa el asunto del secuestro de Satanito. Entonces le dio tal tirón a Ángelo que por poco lo hace caer al suelo.

—¡Y cuando salgas de la cárcel, me repararás el tejado de la cocina! —gritó enfadado.

Al acabar yo mis explicaciones, empezó a hacerme un montón de elogios, diciéndome que había sido muy inteligente al llegar yo solo a todas esas conclusiones y que realmente era ya un detective en ciernes. ¡Estaba orgulloso de ser el tío de un chico tan valeroso! Pero yo le interrumpí:

—Te equivocas, tío. No soy nada valiente.

—¡Venga, Jerry, no te hagas el modesto! —exclamó el tío.

—No, es que es así: no hubiera llegado a nada sin la ayuda extraordinaria de Tila. Yo habitualmente... —y aquí las palabras murieron en mi garganta pues Tila, por agradecimiento, había apretado su brazo alrededor de mi cintura. Íbamos montados en la silla de Diablo, yo delante y ella detrás.

Quizá por eso, cuando el tío me preguntó:

—¿Qué decías?

Yo respondí con el lenguaje de Pasquino:

—¡Decía que yo habitualmente tiemblo por delante y se me escapa por detrás!

Una risa colectiva resonó en la noche, turbando el silencio del abetal.

Cuando llegamos al cementerio, después de haber acompañado a Tila a su casa, quise esperar levantado a mi tío, que había ido a entregar a Ángelo (y al caballo robado) a la policía. Tío Ade llegó tardísimo, completamente extenuado por su misión. Me explicó que tuvo que repetir cinco veces toda la historia desde el principio, pues no se podía confiar en una eventual confesión de Ángelo, que había estado callado y con la cabeza baja toda la noche. Por suerte, en la policía había un agente que conocía a tío Ade y le estimaba por su honestidad. Cuando mi tío pudo marcharse por fin, salieron con él dos policías. Uno acompañó a Ángelo a informar a sus padres. El otro, que llevó a Diablo al campamento de los gitanos, tenía la desagradable misión de dar la mala noticia a Miriam. A la mañana siguiente, otros agentes irían al picadero de Ca'Desolo de Arriba para hacer una visita a cierto jugador...

Antes de salir de comisaría, el tío se había acercado a hablar con su conocido:

—¿Qué será de este muchacho?

—Es difícil de decir. Es menor de edad, pero... —había contestado el policía.

Cuando me lo dijo tío Ade, sentí pena por Ángelo. Pero pensé que tenía unos padres estupendos y ellos harían todo lo posible para sacarle de aquel enredo. Creo que la cárcel es mala para todos y mucho más para un chico como Ángelo. Mi tío se dio cuenta de que estaba pensativo.

—¿Qué? ¿Te queda todavía algún misterio sin resolver? —me preguntó acariciando mis cabellos.

—Sí. ¿Cómo has descubierto que Tila y yo nos habíamos ido al bosque de abetos? ¿Cómo has conseguido llegar a tiempo a casa de Pasquino?

El tío se puso a reír.

—¡Sencillamente, os he seguido!

Aunque nos caíamos literalmente de sueño, nos quedamos un buen rato en la cocina, hablando. Tío

Ade me explicó que no se había acostado aún cuando oyó ruidos en el balcón de su cuarto. Espiando desde la ventana, vio a Tila y eso le hizo sospechar que Tumba estaba vagando por el cementerio, haciendo alguna de sus trastadas. ¡No sabía que lo habían raptado! Estaba a punto de entrar para llamarnos la atención, cuando oyó parte de nuestros planes. Entonces comprendió que se trataba de un conciliábulo secreto y decidió vigilarnos a escondidas, temiendo que nos metiéramos en algún lío. Por eso nos había seguido por todo el camino, desde la carretera hasta el abetal.

—¡Nada del fantasma de Ambrosio Foscari! ¡Nada de espectros! —grité yo, golpeándome la frente—. ¡Eras tú, tío!

—Sí y más de una vez he temido que me descubrierais. ¿Sabes? ¡No es muy fácil esconder una mole como la mía!

Por toda respuesta le di un fuerte abrazo sin poder llegar a rodear su cuerpo. ¡Me parecía estar abrazando el tronco de una secuoya!

—Gracias tío. ¡Tu amuleto me ha traído suerte! —murmuré algo confuso.

—¡Claro! —dijo tío Ade—. ¡Quien lo llevaba tuvo una vida larguísima y murió riquísimo y querido por todos!

—¿Murió?

—Sí. Hace unos quince años —respondió satisfecho—. ¡Anteayer exhumé su cadáver!

A la mañana siguiente mi tío y yo nos levantamos tardísimo. Cuando me desperté, me costó creer que todo lo sucedido la noche anterior había ocurrido realmente. Pero oí golpear los cristales de la ventana e inmediatamente apareció Tila con Tumba en sus brazos. Le abrí los postigos y me metí corriendo de nuevo en la cama, cubriéndome con las sábanas hasta la barbilla, pues no tenía ganas de que ella me viera con el pijama de Spiderman. Tila sólo quería saber cómo había ido la visita a la policía. ¡Todavía no había desayunado!

Así que desayunamos juntos y el propio tío Ade, que ya estaba trasteando en la cocina, le narró lo sucedido. Entre paréntesis, el tío, para celebrar la ocasión, había comprado riquísimos pastelillos de crema. Mientras asaltábamos las bandejas, Tumba no paraba de gruñir sin dejar de rascar la puerta de la cocina. ¡Seguramente quería ir a hacer sus necesidades al cementerio! Tío Ade resopló indignado, pues, aunque lo hubiera salvado la noche anterior, estaba cansado de sus correrías entre las tumbas. Tila se dio cuenta y, para alejarlo de la puerta, le echó un trozo de pastel, pero Tumba solamente le dio un pequeño lametón y lo abandonó. ¡Me dio rabia!

—Oye —le grité—. ¡Pasteles tan sabrosos como éstos no se dan ni a los perros ni a los puercos!

¡Bueno, se me escapó! ¡Esa vez no quería decir «perros y puercos» en el sentido de perros y puercos! Se trataba sólo de una exclamación. Pero Tila se levantó de golpe, con cara de temporal. Despidiéndose de mi tío, abrió la puerta y se marchó precedida por Tumba, que, claro, iba feliz. Corrí detrás de ella maldiciendo mi poco tacto. ¡Tila no se marchaba hacia la calle! ¡Estaba corriendo detrás de su perro que galopaba como un rayo hacia los mausoleos!

Cuando logré alcanzarla, seguido por Ade, Tila estaba parada delante de la tumba con forma de pagoda (la de la familia Visentin) y gritaba con toda la fuerza de su garganta:

—¡Tumba, Tumba! ¿Dónde te has metido?

—¿Qué ha pasado? —grité yo.

—¡No sé! ¡Se ha volatilizado! —dijo alarmada—. ¡Es como si se lo hubiera tragado la tierra!

—A propósito de tierra, ¿no se habrá caído otra vez en una fosa abierta? —dije yo.

Pero tío Ade nos informó de que aquel día no había enterramientos y, por tanto, tampoco había fosas abiertas.

Al momento oímos un gruñido que venía de debajo de la pequeña escalinata de la pagoda. Cuando fuimos a ver qué pasaba, nos quedamos verdaderamente sorprendidos: el trasero de Tumba intentaba salir de una pequeña abertura tapada por uno de los peldaños. El perro, marcha atrás, tiraba de algo con fuerza. Tila se inclinó y empezó a tirar de él por las patas. Al fin, resbalando hacia atrás, logró sacar al animal, que tenía entre sus dientes un hueso larguísimo.

—¡Dios mío! —exclamó tío Ade—. ¡Es un hueso humano!

—¡Vaya con el escondite secreto del señorito! —dijo Tila riendo—. ¡Apuesto a que aquí dentro están todos sus tesoros!

Nos pusimos todos a hurgar en el agujero, que no era más ancho que una gatera (y justo como una gatera tenía una pequeña puerta movible) y profundísimo. ¡No podíamos imaginar cuántos tesoros encontraríamos bajo la tumba!

XXI

RETORNO DEL MÁS ALLÁ

LA ENTRADA DEL DEPÓSITO secreto de Tumba estaba llena de su provisión de huesos. Había de todas clases: de ternera, de pollo, y naturalmente, como ya dijimos, de hombre. Allí encontramos también la calavera de Risa de Oro, que Tumba había hecho desaparecer algunas semanas antes.

En el fondo del escondite, parecía haber algunas cosas más, pero mi brazo, aunque era largo, no llegaba a cogerlas. Entonces probó tío Ade, quien más que problemas de largura los tenía de anchura, pues su robusto brazo no lograba penetrar más que hasta el codo. Al final recurrí a los grandes remedios y metí en el agujero mi brazo... armado del hueso de fémur. Necesité una buena media hora para lograr mi propósito, pues por más que alargase el brazo y buscase a ciegas, ¡el pez no quería picar! Cada cinco minutos, sacaba el brazo, que me dolía, y miraba dentro del escondite para ver si hacía algún progreso... y cuando ya estaba a punto de abandonar, pesqué algo.

¡No puedo describir el estupor general cuando apareció a la luz, enganchada al fémur amarillento, la diadema de la abuela de Tila! Nos quedamos todos embobados y casi perdimos la palabra. Entretanto, Tumba lanzaba pequeños ladridos de felicidad entre su montón de huesos. Tío Ade abría y cerraba los ojos, confuso, y por fin recuperó el habla.

—¡A lo mejor están también los dientes de oro! —exclamó.

—No creo —repliqué yo—. Y ahora os explico por qué.

¡De pronto se me había desvelado hasta el último resquicio del misterio! Siempre había sospechado que Ángelo habría escondido la diadema de la abuela de Tila en el camposanto. De lo contrario, ¿por qué después de su «falsa muerte» habría vuelto al cementerio exponiéndose a ser descubierto? Por otra parte, había sido tío Ade el que le había obligado a camuflarse de espectro, desde la primera vez que lo vio.

—¡Claro —gritó Tila—. El cementerio es un sitio estupendo para esconder un botín.

—No sólo por eso... —añadí yo.

Estaba convencido de que Ángelo conocía desde su infancia aquel escondite secreto. ¡Tila no había sido la única niña del pueblo que había utilizado el cementerio como parque de juegos! La mañana del robo, cuando fue sorprendido por la señora Andrei, Ángelo no se había atrevido a llevarse la diadema a casa. Seguramente no llegó ni a sacarla del cementerio. Se escondió y enseguida puso a buen recaudo, donde él sabía, su botín.

—Como de costumbre, Pasquino tenía razón —proseguí yo—. «En el cementerio delante; en cualquier agujero, detrás», dijo ayer, y yo, naturalmente, tomé nota.

Tío Ade arrugó la frente.

—Pero ¿por qué no recuperó la diadema? —preguntó—, ¡la casa de Pasquino era un escondite seguro!

—¡Y mira que hizo visitas al cementerio desde entonces! —dijo Tila.

—Bueno, al principio creo que la dejó aquí a propósito, y venía sólo a controlar que siguiera bien. ¡Está claro que no es fácil vender un objeto así, especialmente si se es un espectro y no se puede andar libremente de día como hacen todos los mortales!

Sin contar con que el tío, al sorprenderle vagando entre las tumbas, le había obligado a andarse con ojo. Pero últimamente, como el mismo Ángelo confesó, tenía intenciones de marcharse. Incluso era muy probable que hubiese encontrado un contacto para deshacerse de la diadema. ¡El problema era sacarla del escondite! Tumba había llenado el agujero de tantos huesos, que la joya se había ido más y más hacia adentro, y era imposible sacarla sin utilizar una herramienta o, por lo menos, algo para ayudarse, como había hecho yo con el hueso de fémur.

—Y, además, desde la noche en que Tila le siguió hasta aquí y que yo llegué al camposanto, ¡las cosas se le habían complicado todavía más! Cada una de sus salidas tenía más riesgo...

Aunque tuviera todo lo necesario para disfrazarse de espectro, el cementerio ya no era un lugar seguro para Ángelo. Por eso prefirió llevar los dientes de Risa de Oro, cómodamente en el bolsillo, hasta la casa de Pasquino. Y, como habíamos registrado a fondo el lugar sin encontrar nada, era muy probable que los hubiera vendido.

Al acabar mi explicación, el tío se rascó la cabeza.

—¡Lo que me resulta más extraño de todo este asunto es que el escondite secreto lo fuera también para mí!

Tila se encogió de hombros:

—Pero, ¿para que serviría un escondite así en una tumba?

—¿Sabéis? Ya ocurría en tiempos de las pirámides —murmuró el tío—. Seguro que la familia Visentin había escondido alguna joya de familia u otro tesoro similar, y algún enterrador de este cementerio se apoderó de ello antes de que yo llegara...

Llegados a este punto, tío Ade prefirió interrumpir su discurso. Pero su cara era como la de un niño que hubiera perdido un billete de la lotería.

Tila levantó la preciosa diadema, que brillaba extraordinariamente bajo el sol. Cogió en brazos a Tumba y se la puso en su cabeza.

—¡Eres fabuloso, perrito! —exclamó—. ¡Todo ha sido mérito tuyo!

—¡Bufff! —protestó el tío sacándole de la boca una falange. Y acto seguido se puso a examinar el montón de huesos, separando escrupulosamente los humanos.

En cuanto a mí, como ya había aprendido la lección, acaricié la cabeza de Tumba y dije:

—¡Estupendo, sí! ¡Esta vez mereces de verdad un buen hueso carnoso de jamón!

La verdad es que con aquel comentario, prácticamente le había tratado de caníbal. Por suerte, Tila no se dio cuenta y me sonrió agradecida.

Los días siguientes transcurrieron deprisa como en un sueño. ¡Tila y yo estuvimos atareadísimos! Pasamos dos días enteros arreglando, limpiando y organizando la casa de Pasquino. Después tuvimos que hacer una visita de cortesía a los padres de Ángelo (durante la cual no hice otra cosa que mirarme los cordones de los zapatos), que me veían como el héroe de la historia: realmente, a pesar de las vergonzosas circunstancias, a ellos les interesaba sólo el hecho de haber recuperado al hijo que creían muerto. Y también hicimos una visita a Miriam, a la que acompañamos al cementerio para poner un ramo de flores en la tumba de su hijo.

—¡Leí bien las cartas del tarot! —dijo secándose los ojos—. Sabía que Diego no iba a volver nunca más a casa...

También perdí noches enteras al teléfono, explicando todas aquellas aventuras a mis padres, que no podían sobreponerse de la sorpresa. Al principio, el desconfiado de mi padre creía que le estaba contando unas trolas tremendas y quiso a toda costa hablar con tío Ade. Y cuando tuvo todas las garantías de la verdad, en lugar de estar orgulloso, siguió repitiendo como un disco rayado:

—¡Dios mío, Adelmo, espero que Jerry no te haya complicado demasiado la existencia con su manía de enterarse de todo! ¿Sabes? Normalmente no hace otra cosa que meterse en líos...

¿Qué clase de padres tenía? ¡Si hubiese sido por ellos, el pequeño inocente, habría llegado a ser un espectro centenario!

Lo peor vino luego: ¡nunca me habría imaginado

que trabajar de detective fuera tan interesante! Para empezar me convocó la policía local y también la de Ca'Desolo de Arriba, pues habían detenido al señor Morsa. Parece que hacía tiempo que sospechaban que gestionaba una casa de juegos clandestina y por eso era vigilado constantemente. Así que tuvimos que explicar nuestra versión de los hechos al menos cien veces. La historia me salía ya por las orejas y por la boca, y escuchar mi propia voz narrándola me daba ganas de vomitar. Y es que si uno cuenta la verdad, toda la verdad y nada más que la verdad, bueno... entonces no puedes fantasear nada de nada. ¡Y nosotros la verdad la habíamos soltado enterita con pelos y señales... bueno, más o menos!

¡Si algo decidimos callar, de mutuo acuerdo, y con la complicidad de tío Adelmo y de los padres de Tila, fue el rescate de la diadema! La razón era simple: ¡no queríamos empeorar la situación (ya bastante crítica) del pequeño... culpable! Encontrar el cuerpo del delito era la prueba fehaciente de que el robo lo había cometido él, a menos que hubiésemos dado una falsa versión de los hechos. ¡Pero ninguno de nosotros quería decir mentiras a la policía! En cuanto a la diadema... Adelmo dio con la mejor solución: abrir el ataúd de la abuela de Tila y ponérsela en la cabeza, según su última voluntad.

—Cuando me toque exhumar a tu abuela —dijo tío Adelmo a Tila—, habrán pasado quince años, y será muy difícil que alguien se acuerde de...

—¿Y qué harás entonces con la diadema? —pregunté con un poco de maldad.

—¡Oye! ¿Por quién me has tomado? —dijo el tío, ofendido.

Tila y yo, entonces, nos dimos un codazo y estallamos en risas.

La víspera de mi partida, vinieron dos periodistas de *El Correo del Alto Adige* a entrevistarnos a tío Ade, a Tila y a mí. Por enésima vez nos tocó explicar toda la historia desde el principio y además nos hicieron muchas preguntas extrañas, sobre todo a Tila y a mí, que no tenían nada que ver con el pequeño inocente (como «¿cuál es vuestro signo del zodíaco?», «¿os gustan las *Spice Girls?*», y cosas así). También nos llevaron en coche hasta el barranco de los niños muertos, para hacernos una foto con los restos del autocar al fondo. A Ade, en cambio, lo fotografiaron delante de la falsa tumba de Ángelo, convertida en la verdadera tumba de Diego. Y él se enfadó pues no consiguió que le hicieran una fotografía delante de la pajarera de Satanito.

Al día siguiente llovía a cántaros. Tío Ade dijo que era una interrupción del verano. Yo sólo sé que tuve entonces, por primera vez, la sensación de haber salido de una habitación oscura, encontrándome de nuevo en el pórtico de mármol de entrada al cementerio. Después de aquella lóbrega aventura, me sentía al mismo tiempo atontado y tranquilo, como alguien que sale a la luz, entornando los ojos cegados por el sol, tras haber estado vagando a tientas por la más siniestra oscuridad.

Me notaba también un poco cambiado, mayor y más seguro de mí. Tal vez contribuía el hecho de que, por primera vez en mi vida, había resuelto un caso verdadero, cambiando el destino de las personas que estaban en juego. Pero me parecía también haber crecido desde otro punto de vista: ¡lo que sentía por Tila no lo había sentido nunca en mi vida por nadie! Ni siquiera por mi compañera de pupitre de la cuarta elemental, a la que deshacía siempre las trenzas; ni por la rubia de la segunda A, a quien había prestado un CD de los *Aerosmith*, que no me había devuelto jamás.

Quizá por eso me sentí muy turbado cuando se la presenté a mis padres. Estaba convencido de que todos leerían en mi cara lo que sentía por ella. Pero papá y mamá se pusieron a hablar con Tila de mil cosas, como si en lugar de una chica fuera uno de mis tantos compañeros de colegio, o sea, un «Tilo» en lugar de una «Tila». Mamá hizo un montón de caricias a Tumba, diciendo que era un perro muy curioso y que en una exposición canina no se encontraría otro igual ni pagándolo a precio de oro. ¡Un buen piropo! Tila enrojeció hasta las orejas...

Después el tío nos llamó a la mesa. Ade había preparado una suntuosa comida de despedida con cinco platos, a cual más sabroso. ¡Mis padres no salían de su sorpresa!

—¡Qué pasta tan fabulosa! —dijo mamá probando el primer plato.

—¡Y qué estupenda cubertería! —dijo papá sopesando un tenedor de plata de los del mausoleo—. ¿Es una cubertería Sheffield?

—¡No, es una cubertería Foscari! —grité yo antes de que tío Ade pudiese abrir la boca.

—Es extraño —dijo mamá sonriendo—, nunca había oído esa marca.

Tila por poco no se ahogó intentado sofocar la risa. Me tocó darle dos o tres golpes en la espalda para que lograra tragarse el bocado. Habría sido una desgracia que le hubiese sucedido algo justo cuando yo me había decidido a decirle...

Después de comer, llegó el momento de las despedidas. Mis padres dieron a mi tío todos los regalos que hasta entonces tenían en su coche: un ficus de salón (lástima que el tío no tuviese ningún salón para ponerlo), un CD con la *Misa de Réquiem* de Mozart (que sería difícil escuchar sin un lector de CD) y un jarrón de plata. El tío se puso las manos en los bolsillos de los pantalones. Después, con la cara sonrojada dijo:

—Muchas gracias... La *Misa de Réquiem* es mi pieza preferida. La bailaba cuando era joven, y este jarrón es estupendo: ¡parece una urna funeraria!

Mis padres murmuraron un cumplido mirando hacia el techo. Yo, mientras tanto, estaba subiendo la escalera para ir a buscar mi maleta. En cuanto entré en la habitación, se me hizo un nudo en la garganta: ¿Quién se sentaría ahora en la butaca de Jack el Destripador? ¿Y quién apartaría la cortina para hacer entrar por la ventana a una intrépida muchacha de cabellos rojos? Cuando puse encima de la cama el viejo oso de peluche sin ojos, tal como lo había colocado el tío el día de mi llegada, confieso que estuve a punto de soltar unas lágrimas. Por eso cogí mi equipo de pequeño detective con una mano, la bolsa con la otra, y bajé por las escaleras a todo gas, sin ni siquiera pararme a cerrar la puerta.

Después, bajo la lluvia intensa, mientras papá cargaba las cosas en el maletero y Tumba olisqueaba, sospechoso, los neumáticos de nuestro Ford, cogí a Tila de la mano y le dije a tío Ade:

—Voy a despedirme de tu flota, ¿me dejas?

Me refería a los murciélagos, naturalmente. El tío asintió, sonriendo.

Hacía días que pensaba en ese momento y que repasaba mentalmente todo lo que le quería decir a mi amiga. Porque no hay momento mejor para encontrar coraje y decir ciertas cosas que el de la separación.

Cuando llegamos a la pajarera, cogí la otra mano de Tila, y mirándola a los ojos, le dije:

—Tila, ¿te acuerdas de lo que dijo Miriam cuando te leyó la mano?

—Me parece que sí —murmuró ella—. ¡Dijo que alguien me amaba y alguien me odiaba!

—Pues no era ninguna tontería —dije yo sintiendo que la pasta del tío se me subía hasta la garganta.

Tila chasqueó los dedos.

—¡Es verdad! Desde luego, el que me odiaba existía: ¡era Ángelo, naturalmente!

Yo dirigí mis ojos al suelo.

—Sí. Y en cuanto a que alguno te am...

En ese momento, mientras la lluvia nos empapaba de la cabeza a los pies, oímos unos pasos que corrían sobre los guijarros. ¡Maldita sea, perro mundo! No lograba creer en mi mala suerte: el padre de Tila venía corriendo hacia nosotros... con un paraguas abierto en la mano.

—¡Pronto, venid aquí debajo! —gritó.

—¡Gracias, pero nos estábamos despidiendo! —murmuré yo.

—¡Bueno, pues entonces despedíos deprisa! —dijo el maléfico individuo dirigiéndose a mí—, porque se está preparando una tormentaza y tus padres quieren marcharse enseguida.

Dicho lo cual nos cogió por el brazo, uno a cada lado, y nos escoltó con gran cortesía hasta el coche.

—¡Qué suerte, Jerry! ¡Te he pillado a tiempo! —tuvo la cara de decirme—. ¡He venido a propósito para despedirte y tenía miedo de que ya no estuvieras aquí!

Mira por dónde, ojalá no hubiera estado... Mientras tanto, mis padres ya habían subido al coche y tío Ade me sujetaba la puerta.

—¡Bueno, muchacho! ¡Que sigas siempre así —dijo con una extraña voz ronca—, y vuelve a visitarme alguna vez!

—¡Gracias por todo, tío, puedes estar seguro de que volveré! —le grité yo saltándole al cuello.

El tío me empujó al coche. Aquello era el colmo de la desesperación. Tila aún seguía agarrada del brazo de su padre debajo del paraguas y ¡yo ni siquiera había estrechado su mano! Bajé la ventanilla.

—¡Tío, despídeme de Satanito! ¿Sabes? ¡Dormía y no he querido despertarlo!

—¡Bien! —dijo tío Ade restregándose un ojo.

¡Perro mundo! ¿Estaba llorando? ¿Él, que encontraba estúpido llorar por los propios difuntos? Bueno, dentro de poco seríamos dos, porque un nudo se estaba formando en mi garganta...

Papá arrancó el motor del coche. Tila, junto a su padre, se puso a agitar la correa de Tumba en señal de despedida.

—¡Hasta la próxima, Sherlock! ¡Buen viaje!

—¡Chao, Tila! —el corazón me latía locamente.

Papá puso la marcha atrás.

—¿Hemos acabado ya con las despedidas? —dijo.

—¡Ay, no, espera! ¡Tío, gracias también por la estupenda comida!

—Una comida como para resucitar a los muertos, ¿no es verdad?

Entonces el coche arrancó. La figurita con la cabeza roja continuaba agitando la correa del perro hasta que desapareció en una curva del camino. Tumba nos siguió hasta la puerta del cementerio, ladrando como un loco.

—¡Qué horror de perro, parece un cerdo! —exclamó papá.

—¿Qué dices? ¡Es un perro extraordinario! —grité yo rabioso.

Mamá intentó cambiar de argumento:

—Yo más bien diría que los horrorosos son esos dos mausoleos. ¡Qué monumentos de tan mal gusto!

Yo di un puñetazo en su reposacabezas:

—No entiendes nada de cementerios: ¡Son dos tumbas estupendas!

Después me tumbé en el asiento y escondí la cabeza entre los brazos. Papá y mamá susurraron algo en voz baja y no me dirigieron más la palabra en todo el viaje. Pero eso a mí no me importaba. Ahora que ya no vería más a Tila, nada podía consolarme. Ni siquiera que el viejo Sherlock en persona me hubiera regalado su pipa.

Elemental, querido Watson: tenía el corazón hecho añicos.

XXII

UNA BORRACHERA COLECTIVA

ALGUNOS DÍAS DESPUÉS llegó una carta urgente del tío, con un recorte del periódico *El Correo del Alto Adige*. Era un artículo sobre el caso del «pequeño inocente», con nuestra entrevista. El título decía: «Chicos intrépidos y enterrador en acción desenmascaran un falso muerto». Y como subtítulo: «Tiene sólo trece años el pequeño colega de Sherlock Holmes. ¿Sus colaboradores?: un equipo de detective y una amiga pelirroja».

No negaré que me gustó mucho que me llamaran «colega de Sherlock Holmes», aunque podían haberse ahorrado lo de «pequeño». El artículo no estaba mal y creo que, como mínimo, lo habré leído unas quince veces. Pero lo mejor de todo eran las tres fotos: la estampa de Ángelo con traje de Primera Comunión; el tío Ade, que indicaba con su grueso dedo la lápida del falso muerto, y Tila y yo sentados con las piernas cruzadas sobre el chasis del autocar, con Tumba acurrucado entre los dos. Esta última fotografía la miré y la remiré: a la luz del sol; contra la ventana; bajo la lámpara halógena del salón; delante del espejo; con la lupa; con las gafas de vista cansada de papá, y por la noche sobre mi almohada.

Papá y mamá quedaron sorprendidos por el artículo e hicieron fotocopias que distribuyeron entre amigos y familiares como si fueran chocolatinas. Cada fotocopia iba acompañada de la misma (nauseabunda) explicación, que acababa con la acostumbrada frase de papá, que ya era casi un estribillo: «Desde pequeño se endereza el árbol, y Jerry ha sido siempre un gran metomentodo».

Lo que según el humor pasajero de papá podía ser considerado tanto un cumplido como una ofensa.

Yo escuchaba esos discursos distraídamente, pues estaba demasiado metido en mis pensamientos. Y en cuanto podía me encerraba en mi habitación para mirar la fotografía del autocar o releer y saborear la frase que el tío había escrito al final de su carta: *P.D. Muchos saludos de Tila.* ¿Tila había pedido al tío que me saludase? ¿Había ido a propósito a buscarle para decirle que me mandase sus saludos? Si era así, quería decir que pensaba un poco en mí... ¡Quizá sentía por mí algo más que admiración! Naturalmente yo ya había escrito una larga carta a tío Ade. Y después de haberme devanado los sesos horas y horas, de haber roto unas veinte hojas de papel y de haber hecho una docena de tachaduras, añadí al final esta frase: *P.D. Muchos saludos a Tila.*

Unos días después, mientras estaba recortando la fotografía de Tila para pegarla en mi diario secreto (no tenía, pero había decidido empezarlo aquel mismo día), mamá me llamó:

—¡Jerry, una amiga tuya al teléfono!

¿Una amiga mía? El corazón se me cayó a los pies.

Cuando cogí el auricular, del ruido que hacía mi pecho estaba seguro de que retumbaría todo el suelo.

—¡Diga!

—¡Hola Jerry, soy Bárbara! ¿Te acuerdas del CD que me prestaste? Ya lo he grabado y pensaba llevártelo hoy...

¡Perro mundo! ¡Ya se lo podía quedar! ¿Qué me importaba la rubia de la segunda A?

Cuando colgué el aparato, casi no me tenía en pie y se me había puesto cara de funeral de primera clase (parafraseando a tío Ade). Podía haber escrito a Tila o llamarla por teléfono. pero era demasiado cobarde. Y, además, ¿dónde encontraría el coraje para hacer algo, cualquier cosa, *sin ella*?

Una noche mientras cenábamos, papá dijo que tenía que explicarnos una novedad. ¡El chófer de los abuelos había sido internado en un hospital psiquiátrico!

—Pero, ¿no estaba ya en el hospital? —dije yo.

—Sí, porque tenía un *shock* nervioso —respondió papá—. Pero ahora está en el manicomio con la cabeza completamente fuera de sí: se culpa de la muerte de tus abuelos. Dice que aquella noche habían abusado del vino tinto y que también él había empinado demasiado el codo.

—¿Veis como de alguna manera fue por su culpa? —grité con voz triunfal—. ¡Ya sospechaba yo que aquellos dos borrachines de los abuelos lo habían contagiado!

Mi padre me dirigió una mirada mortal. Mamá, como de costumbre, procuró cambiar de tema:

—¿Noticias sobre el testamento? —preguntó aclarándose la voz.

—Sí, será mañana. A propósito Jerry, vístete bien. Mañana por la mañana tenemos que ir todos al despacho del notario.

¿Al notario? ¿Tal vez el abuelo banquero había dejado toda su fortuna a su nieto de trece años? ¡Por un momento pensé lo fabuloso que sería volverse millonario, ir al colegio en Rolls-Royce y poder comprar todos los *Mc Donald's* del barrio! No, mejor tener un helicóptero privado para ir todos los días a Ca'Desolo, aterrizando sobre la torre de los Foscari... Pero quizá el abuelo no fuera tan rico, y de cualquier manera no tenía gana de vestirme bien para ir a casa de un estúpido notario. ¡Ya había sido suficiente con la ropa que tuve que ponerme el día de su dichoso funeral!

No hubo nada que hacer y, a la mañana siguiente, mientras íbamos por la calle, papá no paraba de hacerme recomendaciones:

—Acuérdate de que éste es un asunto oficial. Mientras el notario lea el testamento, quédate sentado en tu sitio, estáte quieto y no hagas preguntas tontas. O sea: olvídate de ser el acostumbrado metomentodo.

—¡Haz como si estuvieras en la iglesia! —añadió mamá.

—Mmm —contesté yo, aflojándome la horrible corbata que me estaba estrangulando. Papá había insistido en que me la pusiera. Debía parecer un nieto de Gerardo Conti, había dicho. Un deber que en realidad no debía serme difícil, puesto que yo, aunque fuera en vaqueros, era Gerardo Conti, nieto de Gerardo Conti.

El notario era un hombrecillo vestido de gris, sudoroso y con un grueso anillo de oro en su dedo. Nos hizo entrar en una habitación con moqueta blanca y sillas tapizadas de terciopelo rojo. Había muchas sillas y casi todas estaban ocupadas, aunque quedaban algunas libres en el fondo de la habitación. Además de a nosotros, se había convocado a otros parientes y a algunos amigos. Papá, mamá y yo estábamos sentados en la primera fila, dando la espalda a todos los demás. El hombrecillo sudoroso estaba de pie, detrás de una mesa de despacho, con una carpeta en la mano.

—Perdón por el retraso —dijo mirando el reloj—. Pero antes de abrir el testamento deben estar presentes todos los convocados y algunas personas viven fuera de esta ciudad.

Papá parecía algo agitado y daba vueltas a la sortija de su dedo. Unos minutos después, oí que se abría la puerta y evidentemente entraron algunas personas de las esperadas, puesto que el notario se aclaró la voz y empezó a leer. Yo permanecía quieto como una estatua, sin atreverme a mirar atrás, ya que estaba bajo la atenta mirada de papá.

Las primeras cláusulas del testamento se referían a nuestra familia. El abuelo había dejado a papá su casa de Milán (con gastos de comunidad mensuales parecidos a una estancia en un hotel de tres estrellas), el Rolls-Royce azul cobalto (que ahora estaba en desguace), su fiel chófer (que ahora estaba en el manicomio) y algunas acciones bancarias que en aquel momento no valían un comino. Papá, que tenía la cara morada, levantó un dedo como en la escuela.

—Perdone, señor notario. ¿Está seguro de que...

—Le ruego, señor Conti, que no interrumpa la lectura del testamento —respondió serio el hombrecillo.

Papá murmuró en voz baja:

—No quería interrumpir, pero...

—El hecho es que ha interrumpido. Y ahora le ruego silencio.

Entonces yo puse una mano en la rodilla de mi padre, diciéndole:

—Como si estuvieras en la iglesia...

Papá permaneció callado, pero sin dejar de agitarse en su silla, sobre todo cuando oyó el resto del testamento. El abuelo había donado un montón de dinero a asociaciones benéficas, declarando que sus parientes ya vivían todos estupendamente y con holgura. Todos, menos uno.

—«¡A mi sobrino Adelmo Conti —continuó leyendo el notario— dejo la suma de quinientos millones de liras que deberá usar para construirse una vivienda confortable y decorosa en el cementerio del que desde hace ya varios años es fiel y buen guardián!».

—¡Tío! —grité en ese momento volviendo la cabeza hacia atrás.

Allí estaba la mole del tío Ade, constreñida por el cuello de una camisa almidonada, sentada en una silla tres filas detrás de mí. Pero lo que hizo que literalmente se me salieran los ojos de las órbitas, fue la visión de una cabeza roja sentada a su lado. ¡Tila! ¡No soñaba! ¡Tila estaba sentada al lado del tío. Y sus padres también. ¿Qué hacían allí? Tila estaba de fábula, sin su camiseta y peto vaquero habituales. Llevaba una cinta verde en el cabello y una falda de tablas que dejaba al descubierto sus rodillas pecosas. Fue un milagro si no me caí de la silla. Di sólo un salto, cuando el notario reclamó silencio. En cuanto a papá, no hizo ningún caso. Estaba postrado en su silla, con la cara de un borracho. Quizá por eso un instante después me murmuró al oído:

—No ha nombrado para nada la enoteca. ¡Mecachis! ¿A quién se la habrá dejado?

La enoteca del abuelo era legendaria: la colección más grande de vinos de solera que un particular poseía en nuestro país. Papá confiaba en heredarla. Pero el notario apagó su esperanza al término de la lectura:

—«En señal de gratitud por haber levantado mi espíritu con sus vinos celestiales, lego mi preciosa enoteca a los señores Lagrande, propietarios de la finca de La Uva Negra en Ca'Desolo».

Papá gimió a media voz. Después miró a mamá con una cara verdaderamente avinagrada, los ojos acuosos y las mejillas manchadas de rojo. Curiosamente a mí también me parecía estar bajo los efectos del alcohol y me sentía vibrar por la euforia. ¡Estupendos los abuelos! ¡Muy bueno lo de ayudar a tío Ade! ¡Y, además, era mérito de ellos si yo ahora tenía otra oportunidad con Tila! ¡De repente sentía un afecto desmesurado hacia ellos, y lamentaba no haberles conocido mejor y haber ido siempre con pocas ganas a visitarlos a Milán! Cierto que Milán estaba algo apartado de nuestra casa... pero ya procuraría remediarlo. ¡Su última residencia estaba a veinte minutos de autobús, en el cementerio de nuestra ciudad!

La lectura del testamento había concluido y por fin podía romperse el protocolo. Corrí enseguida a abrazar al tío, que estaba hablando animadamente con el padre de Tila:

—No tendré necesidad de reparar el tejado: me haré construir una nueva casa, ¡una casa más bonita que un mausoleo!

También tío Ade parecía feliz, con la cara encendida como las luces perpetuas de su cementerio. En cuanto al señor Lagrande, no hacía más que reír sin parar, como si se hubiera ya tragado la mitad de su herencia. En resumen, que aquel testamento de una manera o de otra se le había subido a todos a la cabeza. ¡Si el abuelo borrachín, todavía vivo, había contagiado a su chófer, era lógico que, ya muerto, lograra emborrachar a todos sin ni siquiera unas gotas de vino!

Cuando me libré del abrazo del tío, busqué enseguida con los ojos a Tila, que estaba apenas a dos pasos de mí. ¡Pero su padre le había pasado un brazo sobre el hombro! Me incliné ante ella y le dije lo primero que vino a mi mente:

—¡Estás guapísima vestida así!

Tila se ruborizó y por un momento desaparecieron todas las pecas de su cara. Después dijo:

—También tú. ¡No te había visto nunca con corbata!

—Sí. ¡Pero mira lo que llevo debajo! —susurré, sacando el amuleto del tío de debajo de la camisa.

La noche en que habíamos atrapado al pequeño inocente, en cuanto toqué el murciélago de plata, apareció el tío Ade para salvar la situación. Por eso lo froté entre mis dedos y enseguida se me ocurrió una idea. Así que tiré del codo de tío Ade y le dije al oído:

—Oye, entretén al señor Lagrande lo más posible...

El tío me guiñó un ojo y siguió hablando con el padre de Tila mientras lo agarraba por el brazo:

—... y como le decía, haré una pajarera cinco veces más grande para mis murciélagos, y...

Ahora que tenía al dueño de la hacienda ocupado, no dudé ni un momento: cogí a Tila por una mano, librándola del brazo de su padre, y la llevé al pasillo, lejos de espías indiscretos. ¿Y sabéis una cosa? ¡También ella parecía algo más alegre de la cuenta, pues apenas nos quedamos solos, empezó a saltar sobre un pie y a hablar en voz altísima, gesticulando como una loca:

—¿Viste el artículo del periódico? ¿Qué pensaste, Sherlock?

Aún no había podido abrir yo la boca y ella ya estaba hablando otra vez como una ametralladora:

—¿Es verdad que la enoteca de tus abuelos vale millones? Si es así, convenceré a papá para que venda algunas botellas para poder ayudar a Miriam y ¡también a Pasquino! Le compraremos una casa decente y...

Yo callaba. Tila seguía hablando como una máquina:

—...en cuando a Ángelo, ¿lo sabías? No está en la cárcel, está con sus padres. Pero cada día se entrevista con un psiquiatra y un asistente social; y al propietario del picadero, el de los bigotes de morsa, a ése sí que lo han metido en el calabozo...

Mientras el tiempo pasaba, me iba entrando un pánico tremendo. ¿Y si todo se iba al garete también esta vez? ¡Jamás me perdonaría otra ocasión desperdiciada! Tila seguía hablando y hablando sin descanso:

—... y Tumba está estupendo, pero ahora ha encontrado otro escondite para sus huesos y vete a saber dónde...

Mi pánico se transformaba en terror. ¡Un terror digno de la primera aparición del pequeño inocente! Y como cuando se siente terror, se obra por instinto, de pronto, sin darme cuenta, la abracé fuerte, fuerte. Tila se interrumpió y murmuró a media voz:

—Esta vez no se te escapa nada, ¿eh?

Yo le susurré al oído:

—Estoy sólo probando...

Y así, sintiendo que la cabeza aún me daba vueltas por las emanaciones de aquel extraño alcohol, acerqué mis labios a los suyos y...

¡Bueno, basta! ¿Cuántas veces tengo que deciros que no es cosa vuestra? ¿Nadie os ha dicho nunca que no está bien meter las narices en los asuntos de los demás?

Í@dice